Jiddu Krishnamurti

Jenseits der Gewalt

Übertragen aus dem Englischen von Christine Bendner

Authentischer Text der Gespräche und Diskussionen in Santa Monica, San Diego, London, Brockwood, Rom im Jahre 1970:
Das englische Original »Beyond Violence« ist erschienen bei Victor Gollancz Ltd., London 1983.

ISBN 3-466-20388-0

Druck und Bindung: Kösel, Kempten
Umschlag: Kaselow Design, München
Motiv: »Weiße Taube auf Frauenhand« © Bavaria Bildagentur GmbH, Gauting

1 2 3 4 5 6 · 99 98 97 96 95 94

Gedruckt auf umweltfreundlich hergestelltem Werkdruckpapier
(säurefrei und chlorfrei gebleicht)

Jiddu Krishnamurti

Jenseits der Gewalt

Kösel

Inhalt

Vorwort

Fast aussichtslos scheint der Widerstand vor der Übermacht, das Anprangern des gesetzlichen Unrechts, lokale Hilfe bei weltweiter Gleichgültigkeit und das Asyl für einige der unzähligen Geschundenen. Die Bereitschaft zur Gewalt war und ist allgemein. Leicht erkennen wir die Neigung zur Gewalt bei anderen. Aber erst Einsicht in die eigenen inneren Vorgänge, die aus voraussetzungsloser Achtsamkeit erwächst, würde uns erkennen lassen, daß auch wir selbst immer zu einer gewaltsamen Lösung unserer Probleme bereit sind. Da wir uns als Ursache des Übels ausnehmen, bleibt uns die Quelle der Gewalt verborgen und alle Friedensbemühungen fruchten wenig.
Jiddu Krishnamurti macht deutlich, wie aus der sich abgrenzenden Ichbezogenheit des einzelnen seine psychische Instabilität und damit seine unaufhörlich nach Sicherheit verlangende Angst entsteht. Keine Religion, keine Erziehungsmethode und keine Sicherheitsmaßnahme kann diese elementare Angst und damit die Gewaltbereitschaft des Individuums beseitigen. Krishnamurti weist aufgrund eigener Erfahrung darauf hin, daß es einem jeden möglich ist, sich selbst von Angst und Gewaltbereitschaft zu befreien. Mit realitätsnaher Nüchternheit, die sich auf keine Spekulation und keine vom Leben getrennte Transzendenz einläßt, zeigt Krishnamurti, daß wir keiner Autoritäten und keiner Illusionen bedürfen, um die Probleme des Zusammenlebens zu lösen.
Jeder Mensch ist durch rückhaltlose Ehrlichkeit mit sich selbst fähig, sich – und damit die anderen Menschen auch – zu verste-

hen. Eine unserer größten Illusionen ist die Vorstellung, unser Leben sei von dem der anderen Menschen getrennt. Die Wirkung völlig gewaltfreier Menschen ist nicht nach ihrer Anzahl zu bewerten. Ihr Leben wirkt sich auf alle Menschen aus, mit denen sie in Berührung kommen, ja auf die gesamte Menschheit, die – nicht als Idee, sondern in Wahrheit – eine Einheit ist. Die Gewalt zwischen Menschen kann enden.

Walter Bernotat

Existenz

Der Mensch hat in Wissenschaft und Technik ungeheure Fortschritte erzielt und ist doch der gleiche geblieben, der er schon vor Tausenden von Jahren war: kämpfend, gierig, neidisch und voller Schmerz.

Ich möchte mit Ihnen über das gesamte Problem der Existenz sprechen. Sie wissen wahrscheinlich ebensogut wie der Sprecher, was tatsächlich Tag für Tag in der Welt geschieht – wir erleben absolutes Chaos, Unordnung, Gewalt, extreme Formen von Brutalität, Aufstände, die zu Kriegen werden. Unser Dasein ist außerordentlich schwierig, verworren und widersprüchlich – nicht nur in uns selbst, sozusagen unter unserer Haut – sondern ebenso in der Welt, die uns umgibt. Wir sind mit absoluter Zerstörung konfrontiert. Die Werte ändern sich von Tag zu Tag, es gibt keine Achtung, keine Autorität, und niemand glaubt mehr an irgend etwas, weder an die Kirche, noch an die Gesellschaft, noch an irgendeine Philosophie. Jeder ist völlig auf sich selbst zurückgeworfen und muß ganz allein herausfinden, wie er sich in dieser chaotischen Welt verhalten soll. Wie handelt man richtig? – Falls es so etwas wie »rechtes Handeln« überhaupt gibt.

Ich bin sicher, daß sich jeder von uns fragt, was rechtes Handeln ist. Das ist eine sehr ernste Frage, und ich hoffe, daß es Ihnen, die Sie hierher gekommen sind, auch wirklich ernst damit ist, denn diese Zusammenkunft dient nicht der philosophischen oder religiösen Erbauung. Wir ergehen uns hier nicht in irgendeiner Theorie, irgendeiner Philosophie, und wollen auch keine exotischen Ideen aus dem Osten zum besten geben. Wir werden hier miteinander die Tatsachen, so wie sie sind, untersuchen – und zwar sehr genau, objektiv, unsentimental und ohne Emotionen. Um auf diese Weise forschen zu können, müssen wir frei von Vorurteilen, frei von jeglicher Konditionierung, von jeder Philosophie und jeglichem Glaubenssystem sein. Wir werden gemeinsam sehr langsam, geduldig und zögerlich forschen, um Antworten zu finden. So wie kompetente Wissenschaftler, die durch ein Mikroskop schauen und exakt das gleiche sehen. Wenn Sie Wissenschaftler sind und in einem Labor am Mikroskop arbeiten, müssen Sie das, was Sie sehen, einem anderen Wissenschaftler zeigen, damit Sie beide sehen können, was tatsächlich vorhanden ist. Und genau das werden wir tun. Es gibt weder »Ihr« Mikroskop, noch das des Sprechers, sondern nur ein einziges Präzisionsinstrument, durch das wir beobachten. Wir lernen durch Beobachten, und das ist kein Lernen gemäß Ihres Temperaments, Ihrer Konditionierung oder Ihres speziellen Glaubenssystems, nein, wir betrachten einfach, was tatsächlich ist, und lernen dadurch. Und das Lernen schließt schon das Handeln mit ein – Lernen und Handeln sind nicht voneinander getrennt.

Als erstes werden wir versuchen zu verstehen, was es bedeutet zu kommunizieren. Natürlich müssen wir Worte gebrauchen, aber es ist sehr viel wichtiger, über die Worte hinauszugehen. Das heißt, daß Sie und der Sprecher zusammen auf eine Forschungsreise gehen, auf der jeder von uns mit dem anderen ständig in Verbindung steht. Wir werden uns mitteilen, werden zusammen forschen, zusammen beobachten, denn das Wort »Kommunikation« bedeutet »Mitteilen«, »Teilen«. Es gibt hier also keinen Lehrer und keinen Schüler, es gibt nicht den Sprecher, dem Sie entweder zustimmend oder ablehnend zuhören – das wäre absurd. Wenn wir wirklich kommunizieren, stellt sich die Frage von Zustimmung oder Ablehnung überhaupt nicht, denn wir schauen gemeinsam, untersuchen gemeinsam – und zwar weder von Ihrem, noch vom Standpunkt des Sprechers aus.

Deshalb ist es sehr wichtig zu lernen, wie man richtig beobachtet, wie man mit klaren Augen sieht, wie man hört, ohne daß das

Gehörte verzerrt wird. Sie sind ebenso wie der Sprecher dafür verantwortlich, daß wir miteinander teilen – wir wollen miteinander arbeiten. Eines muß von Anfang an völlig klar sein: Wir räumen Sentimentalität oder Schwärmerei keinen Platz ein.

Wenn wir uns darüber im klaren sind, daß Sie und der Sprecher erst dann frei forschen können, wenn wir frei von Vorurteilen, frei von unseren Glaubenssystemen, von unserer individuellen Konditionierung und unserem angesammelten Wissen sind, dann können wir beginnen. Wir dürfen allerdings nicht vergessen, daß wir ein Präzisionsinstrument benutzen – das Mikroskop – und daß Sie und der Sprecher dasselbe sehen müssen, andernfalls wird es nicht möglich sein zu kommunizieren.

Da es hier um eine ernste Sache geht, müssen Sie nicht nur frei forschen können, Sie müssen auch die Freiheit haben, das Entdeckte anzuwenden, es im täglichen Leben zu überprüfen; es soll kein Prinzip, keine Theorie bleiben, die Sie sich erarbeiten.

Nun wollen wir uns also betrachten, was tatsächlich in der Welt vor sich geht. Wir sehen alle Arten von Gewalt, nicht nur im großen, sondern auch in unseren persönlichen Beziehungen. Es gibt unzählige nationalistische und religiöse Trennungslinien zwischen den Menschen, jeder kämpft gegen jeden, sowohl in der Politik als auch im Privaten. Was können Sie angesichts dieser ungeheuren Verwirrung, angesichts von soviel Leid tun? Können Sie sich an irgend jemanden wenden, der Ihnen sagt, was Sie tun sollen? An einen Priester, einen Sachverständigen, einen Analytiker? Auch diese haben uns Frieden, Glück, Lebensfreude oder Freiheit nicht gebracht. Wohin sollen Sie sich also wenden? Wenn Sie die Verantwortung übernehmen, als ein Individuum Ihre eigene Autorität zu sein, weil Sie kein Vertrauen mehr in äußere Autoritäten haben – wir benutzen das Wort »Autorität« hier mit Vorbedacht in einem bestimmten Sinn – werden Sie dann in Ihrem Inneren nach dieser eigenen Autorität suchen?

Das Wort »in-dividuell« bedeutet »un-teilbar, nicht geteilt«. »Individualität« bedeutet »Gesamtheit, Ganzheit«, und der Ausdruck »ganz, heil« bedeutet »gesund, heilig«. Aber Sie sind kein Individuum, Sie sind nicht heil, denn Sie sind innerlich gebrochen, zerrissen. Sie leben im Widerspruch mit sich selbst, von Ihrem Selbst getrennt. Deshalb sind Sie gar kein »In- dividuum«. Weshalb wollen Sie also, zersplittert wie Sie sind, daß ein Teil zur Autorität für die anderen Teile wird?

Bitte machen Sie sich das ganz klar, denn darum geht es bei unserer Untersuchung. Wir sehen hier, daß Erziehung, Wissenschaft, organisierte Religion, Propaganda und Politik versagt haben. Sie haben uns keinen Frieden gebracht, obwohl der Mensch auf dem Gebiet der Technik ungeheuer weit fortgeschritten ist. Und doch ist er der gleiche geblieben, der er schon vor Tausenden von Jahren war: kämpfend, gierig, neidisch, gewalttätig und voller Schmerz. Das ist eine Tatsache, keine Vermutung. Wenn wir also herausfinden wollen, wie wir in einer so verworrenen, so brutalen, äusserst unglücklichen Welt handeln können, müssen wir nicht nur verstehen, was Leben ist – so wie es wirklich ist – wir müssen auch verstehen, was Liebe ist und was es bedeutet zu sterben. Wir müssen verstehen, was die Menschheit seit Jahrtausenden zu ergründen versucht: ob es eine Wirklichkeit gibt, die über alles Denken hinausgeht. Solange Sie nicht dieses ganze, komplexe Bild verstanden haben, ist es völlig sinnlos zu fragen, was Sie im Hinblick auf ein bestimmtes Teilstück tun sollen. Sie müssen die Existenz in ihrer Gesamtheit begreifen, nicht nur einen Teil davon – ganz gleich, wie ermüdend, wie qualvoll, wie brutal dieser Teil ist, Sie müssen das ganze Bild sehen – Sie müssen wissen, was Liebe ist, was Meditation ist, ob es einen Gott gibt und was es bedeutet zu leben. Wir müssen das Phänomen des Daseins als Ganzes begreifen. Nur dann können wir fragen: »Was soll ich tun?« Doch wenn Sie dieses ganze Bild sehen, werden Sie diese Frage wahrscheinlich gar nicht mehr stellen – denn dann werden Sie leben, und Ihr Leben wird zum rechten Handeln.

Zuerst werden wir also untersuchen, was Leben ist und was es nicht ist. Wir müssen außerdem verstehen, was das Wort »beobachten« bedeutet. Sehen, hören und lernen – was bedeutet es »zu sehen«?

Wenn wir gemeinsam etwas betrachten, bedeutet das nicht »Gemeinsamkeit«. Es bedeutet einfach, daß Sie und der Sprecher schauen. Was bedeutet dieses Wort »schauen«? Es ist gar nicht so einfach zu schauen; man muß sich auf diese Kunst verstehen. Wahrscheinlich haben Sie noch nie einen Baum wirklich angeschaut, denn wenn Sie schauen, kommen all Ihre botanischen Kenntnisse ins Spiel und hindern Sie daran, den Baum so zu sehen, wie er ist. Wahrscheinlich haben Sie auch Ihre Frau oder Ihren Mann, Ihren Freund oder Ihre Freundin noch nie wirklich gesehen, denn Sie tragen ein bestimmtes Bild von ihr oder ihm in sich; und dieses Bild, das Sie sich von ihm oder ihr, oder von sich selbst gemacht haben, hindert Sie daran, wirklich zu sehen. Wenn Sie also schauen, nehmen Sie die Dinge verzerrt wahr, es entsteht ein Widerspruch. Um wirklich sehen zu können, muß eine echte Beziehung zwischen Beobachter und Beobachtetem bestehen. Bitte hören Sie genau zu, denn dieser Punkt erfordert große Sorgfalt. Sie wissen ja, daß Sie sehr genau beobachten, wenn Ihnen etwas viel bedeutet, wenn Sie mit dem Herzen beteiligt sind; dann sind Sie in der Lage, wirklich zu beobachten.

Gemeinsam schauen heißt also, mit Sorgfalt und Liebe beobachten, damit wir gemeinsam das Gleiche sehen. Doch zuvor muß man sich von dem Bild befreien, das man von sich selbst hat. Bitte tun Sie das jetzt; der Sprecher ist nur ein Spiegel, und deshalb sehen Sie nichts als sich selbst in diesem Spiegel. Der Sprecher ist völlig unwichtig; wichtig ist allein, was Sie in diesem Spiegel sehen. Damit Sie wirklich genau und klar, ohne die geringste Verzerrung sehen können, muß jede Vorstellung verschwinden – die Vorstellung, daß Sie ein Amerikaner sind, ein Katholik, ein reicher oder armer Mann, alle Ihre Vorurteile müssen weichen. Und all das verschwindet tatsächlich in dem Augenblick, da Sie wirklich klar sehen, was Sie vor sich haben, denn was Sie so sehen, ist viel wichtiger, als was Sie Ihrer Meinung nach aufgrund des Gesehenen tun sollten. In dem Moment, in dem Sie ganz klar sehen, geschieht Ihr Handeln aus dieser Klarheit heraus. Es ist nur unser Verstand, der chaotisch und verwirrt ist, der wählerisch ist und fragt: »Was soll ich tun?« Wir kennen die Gefahr des Nationalismus, der Trennung zwischen den Völkern. In dieser Trennung liegt die größte aller Gefahren, denn Trennung schafft Unsicherheit, Ungewißheit, Krieg. Doch wenn der Geist die Gefahr der Trennung ganz klar wahrnimmt – nicht intellektuell oder emotional, sondern sie tatsächlich sieht – dann verändert sich unser Handeln total.

Es ist also ungeheuer wichtig, sehen zu lernen, beobachten zu lernen. Und was beobachten wir? Nicht nur die äußeren Erscheinungen, sondern auch den inneren Zustand des Menschen. Denn solange nicht eine fundamentale, radikale Revolution in der Psyche, ja an der Wurzel unserer Persönlichkeit stattfindet, bleiben rein äußerliche Maßnahmen, bleiben Gesetze, die ja nur an der Peripherie wirken, bedeutungslos. Wichtig ist für uns also die Frage, ob der Mensch, so wie er beschaffen ist, überhaupt fähig zu einer inneren Transformation ist – nicht, indem er sich an einer bestimmten Theorie oder Philosophie orientiert, sondern indem er sieht, was er wirklich ist. Diese reale Wahrnehmung seiner selbst wird zu einem radikalen Wandel führen. Es ist von höchster Bedeutung, daß der Mensch erkennt, was er ist – nicht, was er zu sein glaubt oder was man ihn glauben machte, daß er es sei.

Es ist ein Unterschied, ob man Ihnen sagt, Sie seien hungrig, oder ob Sie tatsächlich hungrig sind. Das sind zwei völlig verschiedene innere Zustände; im einen Fall wissen Sie tatsächlich durch Ihre eigene, direkte Wahrnehmung, durch Ihr eigenes Gefühl, daß Sie Hunger haben – und handeln danach. Doch wenn Ihnen jemand sagt, Sie könnten hungrig sein, wird etwas ganz anderes in Ihnen ausgelöst. Und genau so muß man selbst beobachten und selbst sehen, was man wirklich ist. Und das tun wir hier: uns selbst erkennen lernen. Wir haben schon oft gehört, daß sich selbst erkennen die höchste Weisheit ist, doch nur sehr wenige von uns haben dies gelernt. Wir besitzen weder die erforderliche Geduld, noch die Intensität oder Leidenschaft, um herauszufinden, was wir sind. Wir haben die Energie, doch wir haben Sie anderen zur Verfügung gestellt; andere müssen uns sagen, was wir sind.

Wir wollen dies herausfinden, indem wir uns selbst beobachten, denn in dem Moment, in dem sich das, was wir sind, radikal verändert, werden wir Frieden in der Welt schaffen. Wir werden frei sein – was nicht bedeutet, unseren Neigungen zu frönen, sondern glücklich und voller Freude zu leben. Ein Mensch, dessen Herz voll Freude ist, kann nicht haßerfüllt und gewalttätig sein, er kann einfach niemanden zerstören. Freiheit bedeutet, nichts von dem, was wir in uns sehen, zu verurteilen. Die meisten von uns verurteilen, rationalisieren oder rechtfertigen ständig – niemals schauen wir, ohne zu verurteilen oder zu rechtfertigen. Daher müssen wir als erstes – und wahrscheinlich auch als letztes – lernen zu beobachten, ohne auf irgendeine Weise zu urteilen. Das wird zunächst sehr schwerfallen, denn unsere gesamte Kultur, unsere Tradition beruht darauf zu vergleichen, zu rechtfertigen oder zu verurteilen, was wir sind. Wir sagen »das ist richtig«, »das ist falsch«, »das ist wahr«, »das ist unwahr«, »das ist schön«, und diese Urteile hindern uns daran, wirklich zu beobachten, was wir sind.

Bitte hören Sie genau zu: Sie sind ein lebendiger Organismus, und wenn Sie verurteilen, was Sie in sich sehen, dann verurteilen Sie es mit Hilfe Ihres Gedächtnisses, das etwas Totes ist, das die Vergangenheit ist. Daher besteht ein Widerspruch zwischen dem Lebendigen und der Vergangenheit. Um das Lebendige verstehen zu können, muß die Vergangenheit verschwinden, so daß Sie wirklich schauen können. Tun Sie dies jetzt, während wir hier sprechen; gehen Sie nicht nach Hause, um dort darüber nachzudenken. Denn in dem Moment, in dem Sie darüber nachdenken, haben Sie es schon verpaßt. Dies ist keine Gruppentherapie, keine öffentliche Beichte – das wäre unreif. Wir wollen hier unser Inneres erforschen wie Wissenschaftler, die von niemandem abhängig sind. Wenn Sie irgend jemandem glauben, sind Sie verloren, ganz gleich, ob Sie Ihrem Analytiker, Ihrem Priester oder Ihrem eigenen Gedächtnis, Ihrer eigenen Erfahrung glauben, denn das ist die Vergangenheit. Und wenn Sie mit den Augen der Vergangenheit die Gegenwart betrachten, werden Sie niemals verstehen, was das Lebendige ist.

Wir untersuchen also gemeinsam dieses Lebendige, das Sie sind, das Leben, was immer es sein mag; das heißt, wir betrachten dieses Phänomen »Gewalt«, und wir schauen uns zuerst die Gewalt in uns selbst an und dann die Gewalt außerhalb von uns. Wenn wir die Gewalt in uns selbst verstanden haben, ist es vielleicht nicht mehr notwendig, die Gewalt außerhalb von uns zu betrachten, weil wir nach außen projizieren, was wir im Inneren sind. Durch unsere Natur, unsere Veranlagung, unsere sogenannte Entwicklung, haben wir diese Gewalttätigkeit in uns selbst hervorgebracht. Es ist eine Tatsache: Wir Menschen sind gewalttätig. Es gibt tausend Erklärungen für unsere Gewalttätigkeit. Doch wir wollen uns nicht auf Erklärungen einlassen, denn wir können uns darin verlieren, weil jeder Experte sagt: »Ich kenne den Grund für die Gewalttätigkeit«. Je mehr Erklärungen wir haben, desto mehr sind wir davon überzeugt, das Phänomen zu verstehen, doch es bleibt bestehen, wie es ist. Vergessen Sie also niemals, daß die Beschreibung nicht das Beschriebene ist. Die Erklärung ist nicht die Wirklichkeit. Natürlich gibt es viele einfache und offensichtliche Erklärungen – übervölkerte Städte, Bevölkerungsexplosion, Vererbung und so weiter. Wir können all das vom Tisch wischen. Die Tatsache, daß wir gewalttätige Wesen sind, bleibt bestehen. Von klein auf werden wir dazu erzogen, gewalttätig, konkurrenzbewußt und brutal miteinander umzugehen. Dieser Tatsache haben wir uns nie gestellt. Statt dessen haben wir gefragt: »Was sollen wir gegen die Gewalt tun?«

Bitte hören Sie jetzt sorgfältig zu, das heißt achtsam und aufmerksam. In dem Moment, in dem Sie fragen: »Was sollen wir dagegen tun?« wird Ihre Antwort immer der Vergangenheit entspringen, denn das ist das einzige, was Sie kennen: Ihre gesamte Existenz beruht auf der Vergangenheit, Ihr Leben ist die Vergangenheit. Wenn Sie sich selbst wirklich jemals genau beobachtet haben, dann haben Sie gesehen, wie sehr Sie tatsächlich in der Vergangenheit leben. Alles Denken – das wir ja jetzt hier untersuchen – ist eine Reaktion auf die Vergangenheit, eine Reaktion, die unserem Gedächtnis, unserem angesammelten Wissen und unserer Erfahrung entspringt. Denken ist also niemals neu, niemals frei. Durch diese Gedankenmuster betrachten Sie das Leben, und deshalb sind Sie, wenn Sie fragen: »Was kann ich gegen die Gewalt tun?« dieser Tatsache bereits ausgewichen.

Können wir also verstehen lernen, beobachten lernen, was Gewalt ist? Nun, wie betrachten Sie Gewalt? Verurteilen Sie sie? Rechtfertigen Sie sie? Falls nicht, wie betrachten Sie Gewalt dann? Bitte schauen Sie sich das jetzt an, während wir darüber sprechen – es ist ungeheuer wichtig. Betrachten Sie dieses Phänomen, – das heißt, sich selbst als gewalttätiges menschliches Wesen – aus der Position des Außenstehenden, der nach innen schaut? Oder betrachten Sie es ohne den Zeugen, ohne den Zensor? Wenn Sie schauen, schauen Sie dann als Beobachter, der vom Beobachteten getrennt ist, als jemand, der sagt: »Ich bin nicht gewalttätig, aber ich möchte, daß die Gewalt verschwindet«? Wenn Sie auf diese Weise betrachten, dann gehen Sie davon aus, daß ein Teilstück wichtiger ist als die anderen Teile.

Wenn Sie als ein Teil die anderen Teile betrachten, dann hat sich dieser eine Teil Autorität angemaßt und ruft so Widersprüche und damit Konflikte hervor. Wenn Sie aber in der Lage sind, ohne diese Trennung zu schauen, dann sehen Sie das Ganze, ohne Beobachter zu sein. Können Sie mir folgen? Dann tun Sie es bitte! Denn dann werden Sie sehen, daß etwas Außergewöhnliches geschieht, dann werden Sie überhaupt keinen Konflikt haben. Wir bestehen aus Konflikten, wir leben damit: zu Hause, im Büro, sogar wenn wir schlafen; ständig befinden wir uns im Konflikt, ständig herrschen Kampf und Widerspruch.

Solange Sie also den Ursprung dieses Widerspruchs nicht aus sich selbst heraus verstehen – also weder durch den Sprecher, noch durch irgend jemand anderen – können Sie niemals in Frieden, Glück und Freude leben. Deshalb ist es ganz wesentlich, daß Sie verstehen, wie der Konflikt und folglich der Widerspruch entsteht, welche Ursache er hat. Die Ursache liegt in der Trennung zwischen dem Beobachter und dem, was beobachtet wird. Der Beobachter sagt: »Ich muß die Gewalt loswerden«, oder »Ich lebe ein gewaltloses Leben«, während er tatsächlich gewalttätig ist – sich also verstellt, heuchelt. Es ist also von größter Bedeutung herauszufinden, wodurch diese Trennung verursacht wird.

Sie hören hier einem Redner zu, der keine Autorität ist, der nicht Ihr Lehrer ist, denn es gibt hier keinen Guru und keine Jünger; es gibt hier nur Menschen, die versuchen zu entdecken, wie man ohne Konflikte in Frieden und voller Liebe leben kann. Doch wenn Sie irgend jemandem folgen, dann zerstören Sie sich selbst und den anderen. (*Beifall*) Bitte klatschen Sie nicht. Ich bin nicht hier, um Sie zu unterhalten, ich erwarte keinen Applaus. Es geht hier darum, zu verstehen und ein Leben ganz anderer Art zu leben – nicht dieses dumpfe Leben, das man so führt. Und Ihr Applaus, Ihre Zustimmung oder Ablehnung ändert nichts an dieser Tatsache.

Es ist sehr wichtig, daß jeder aus sich selbst heraus versteht, durch eigene Beobachtung erkennt, daß Konflikte sich bis in alle Ewigkeit fortsetzen werden, solange die Trennung zwischen dem Betrachter und dem, was betrachtet wird, besteht. Und in Ihnen existiert diese Trennung als das »Ich«, als das »Selbst«, das versucht, anders als alle anderen zu sein. Ist das klar? Klarheit bedeutet, daß Sie es selbst erkennen. Es geht nicht nur um eine verbale Klarheit, nicht darum, daß man sich eine Reihe von Worten oder Ideen anhört; es bedeutet, daß Sie für sich selbst ganz klar und daher ohne Wertung sehen, wie diese Trennung zwischen dem Beobachter und dem Beobachteten Unruhe, Verwirrung und Leid stiftet. Wenn Sie also gewalttätig sind, können Sie dann diese Gewalt in Ihrem Innern beobachten, ohne daß

Erinnerungen ins Spiel kommen, ohne Rechtfertigung und ohne sich zu sagen, daß Sie nicht gewalttätig sein dürfen – können Sie sie einfach anschauen? Das bedeutet, daß Sie sich von der Vergangenheit freigemacht haben müssen. Um auf diese Weise schauen zu können, müssen Sie erhebliche Energie, müssen Sie Intensität aufbringen. Sie müssen leidenschaftlich sein, sonst können Sie nicht schauen. Ohne diese starke Leidenschaft und Intensität können Sie nicht die Schönheit einer Wolke sehen oder die wunderbaren Berge, von denen Sie hier umgeben sind. Ebenso erfordert es höchste Energie und Leidenschaft, um sich selbst ohne den Beobachter anschauen zu können, und diese Leidenschaft, diese Intensität wird zerstört, wenn Sie anfangen zu verurteilen, zu rechtfertigen, wenn Sie sagen »Ich darf nicht«, »Ich muß«, oder wenn Sie sagen »Ich führe ein gewaltloses Leben«, oder wenn Sie vorgeben, gewaltlos zu sein. Aus diesem Grund sind alle Ideologien äußerst zerstörerisch. In Indien wird schon seit undenklichen Zeiten über Gewaltlosigkeit geredet. Es hieß: »Wir praktizieren Gewaltlosigkeit«, und doch waren die Menschen genauso gewalttätig wie irgendwo anders. Das Ideal bietet ihnen eine scheinheilige Ausflucht, um den Tatsachen auszuweichen. Wenn Sie alle Ideologien, alle Prinzipien beiseite lassen können und nur den Tatsachen ins Auge sehen, dann haben Sie es mit etwas Wirklichem, nicht mit einem Mythos oder einer Theorie zu tun.

Das müssen wir also als erstes: Beobachten ohne den Beobachter. Betrachten Sie Ihre Frau und Ihre Kinder frei von Ihren Vorstellungen. Die Vorstellung kann ein oberflächliches Bild oder tief im Unbewußten verborgen sein: Sie müssen nicht nur das von Ihnen selbst konstruierte, oberflächliche Bild beachten, sondern auch die Bilder, die tief in Ihrem Inneren existieren, – die Vorstellungen Ihrer Rasse, Ihrer Kultur, den historischen Aspekt des Bildes, das Sie von sich selbst haben. Man muß sich also nicht nur auf der bewußten Ebene beobachten, sondern auch auf der verborgenen Ebene, in den entlegensten Bereichen des eigenen Geistes.

Ich weiß nicht, ob Sie jemals das Unbewußte beobachtet haben. Sind Sie überhaupt an diesen Dingen interessiert? Wissen Sie, wie schwierig das ist? Es ist sehr leicht, jemanden zu zitieren oder zu wiederholen, was Ihr Analytiker oder der Professor Ihnen gesagt hat, das ist ein Kinderspiel. Aber wenn Sie nicht nur Bücher über diese Dinge lesen, dann wird es außerordentlich mühsam. Es ist Teil Ihrer Meditation herauszufinden, wie man das Unbewußte beobachten kann; nicht durch Träume, nicht durch Intuition, denn Ihre Intuition stellt vielleicht nichts anderes dar als Ihre Wünsche, Ihr Verlangen, Ihre verborgenen Hoffnungen. Sie müssen also lernen, sowohl das äußere Bild, das Symbol, das Sie von sich geschaffen haben, zu betrachten, als auch tief ins eigene Innere zu schauen.

Man darf nicht nur die äußeren Dinge sehen, sondern muß auch den inneren Strom des Lebens wahrnehmen: den inneren Strom der Wünsche, Motive, Erwartungen, Ängste und Sorgen. Die Dinge ohne Wertung wahrnehmen heißt die Farbe, die jemand trägt, wahrnehmen, ohne sich zu sagen »Ich mag sie« oder »Ich mag sie nicht«, sie also nur wahrnehmen. Oder, während Sie im Bus sitzen, den Fluß Ihrer eigenen Gedanken beobachten, ohne sie zu verurteilen, ohne zu rechtfertigen, ohne zu wählen. Wenn Sie so schauen, werden Sie feststellen, daß es keinen »Beobachter« gibt. Der Beobachter ist der »Zensor«, der Amerikaner, der Katholik, der Protestant. Er ist das Produkt von Propaganda, er ist die Vergangenheit. Und wenn wir mit den Augen der Vergangenheit schauen, müssen wir unweigerlich trennen, verurteilen oder rechtfertigen. Ein Mensch, der Hunger hat, der wirklich Not leidet, sagt der etwa: »Werde ich das auch wirklich bekommen, wenn ich dies tue?«. Er will einfach seine Sorgen los sein oder seinen Magen füllen, niemals diskutiert er Theorien. Deshalb schlage ich vor, daß Sie sich zunächst von der Vorstellung des »Wenn« freimachen. Leben Sie nicht irgendwo in der Zukunft; die Zukunft ist das, was Sie jetzt projizieren. Dieses Jetzt ist die Vergangenheit; das sind Sie, wenn Sie sagen: »Ich lebe jetzt«. Sie leben in der Vergangenheit, denn die Vergangenheit bestimmt

Ihre Richtung und formt Sie; Erinnerungen aus der Vergangenheit veranlassen Sie, auf diese oder jene Weise zu handeln. Wirklich »leben« bedeutet also, frei von Zeit zu sein, doch sobald Sie »wenn« sagen, bringen Sie die Zeit ins Spiel. Und Zeit bringt das größte Leid.

Wie können wir voreinander wir selbst sein?

Hören Sie sich Ihre Frage aufmerksam an: »Wir selbst sein«. Was ist dieses »Selbst«, wenn ich fragen darf? Wenn Sie sagen: »Voreinander wir selbst sein« – was ist dann Ihr »Selbst«? Ist es Ihr Zorn, Ihre Bitterkeit, Ihre Frustration, Ihre Verzweiflung, Ihre Gewalttätigkeit, Ihre Hoffnung, Ihr absoluter Mangel an Liebe – ist das Ihr Selbst? Nein, fragen Sie nicht: »Wie kann ich anderen gegenüber ich selbst sein?« – Sie kennen sich doch selbst nicht. Sie sind all dies, und der andere ist auch all das – sein Leid, seine Probleme, seine Launen, seine Frustrationen, seine Ambitionen; jeder lebt abgegrenzt in seiner eigenen Isolation. Nur wenn diese Grenzen, diese Widerstände fallen, nur dann können Sie miteinander glücklich leben.

Weshalb trennen Sie das Bewußte vom Unbewußten,
wenn Sie doch nicht an Trennung glauben?

Das tun Sie – nicht ich! (*Gelächter*) Während der vergangenen Jahrzehnte hat man Ihnen beigebracht, daß Sie ein Unbewußtes haben; unzählige Bücher wurden darüber geschrieben, und die Analytiker verdienen ein Vermögen damit. Doch Wasser bleibt Wasser: Ob Sie es in ein goldenes Gefäß oder in einen Tonkrug schütten, es bleibt Wasser. Wir sollten nicht trennen, sondern das Ganze sehen: Das ist unser Problem, das Ganze des Bewußtseins zu sehen, nicht nur einen Teil davon als das Bewußte oder das Unbewußte. Es ist äußerst schwierig, das Ganze zu sehen, und es ist ziemlich leicht, nur einen Teil zu sehen. Um etwas als Ganzes zu sehen – was bedeutet, es heil, intakt, vollständig zu sehen – darf es kein Zentrum geben, von dem aus man schaut, kein Zentrum in Form von »Ich«, »Du«, »Sie« oder »Uns«. Dies ist kein Vortrag, keine Rede, die Sie so nebenbei anhören, um dann wieder Ihrer Wege zu gehen. Sie hören sich selbst zu; wenn Sie dem Gehör schenken, was hier gesagt wird, können Sie nicht zustimmen oder ablehnen – es ist einfach da. Deshalb teilen wir es miteinander, wir kommunizieren, wir arbeiten zusammen. Darin liegt große Freiheit, große Liebe, großes Mitgefühl, und daraus entspringt das Verstehen.

Santa Monica, Kalifornien *1. März 1970*

Freiheit

Solange der menschliche Geist nicht absolut frei von Angst ist, bringt jede Form des Handelns noch mehr Unheil, mehr Leid, mehr Verwirrung hervor.

Wir sagten bereits, wie wichtig es ist, daß in der menschlichen Psyche ein radikaler Wandel stattfindet, und daß dieser Wandel sich nur in absoluter Freiheit vollziehen kann. Das Wort »Freiheit« ist ein höchst gefährliches Wort, solange wir nicht vollkommen und absolut verstehen, was es bedeutet. Wir müssen den ganzen Sinn dieses Wortes erfassen, nicht nur das, was darüber im Lexikon steht. Die meisten von uns benutzen dieses Wort gemäß ihrer persönlichen Neigung, nach Gutdünken oder aus politischen Motiven. Wir werden es hier weder im politischen Sinn noch im Zusammenhang mit äußeren Umständen benutzen, sondern uns mit seiner inneren, psychischen Bedeutung beschäftigen.

Doch bevor wir das tun können, müssen wir die Bedeutung des Wortes »lernen« verstehen. Wie wir neulich bereits sagten, wollen wir miteinander kommunizieren – und das heißt, etwas miteinander teilen – und »lernen« ist ein Teil davon. Sie werden nicht vom Sprecher etwas lernen, sondern Sie lernen durch Beobachten, dadurch, daß Sie den Sprecher als Spiegel benutzen, in dem Sie die Bewegung Ihrer eigenen Gedanken, Ihrer Gefühle, also Ihre eigene Psyche beobachten können. Hier ist absolut keine Autorität im Spiel. Obwohl der Sprecher auf einem Podium sitzen muß, weil es praktisch ist, verleiht ihm diese Position keine wie auch immer geartete Autorität. Wir können diesen Punkt also völlig beiseite schieben und uns dem Thema »Lernen« zuwenden:

nicht in dem Sinne, daß wir von jemand anderem lernen, sondern, daß wir den Sprecher dazu benutzen, etwas über uns selbst zu lernen. Sie lernen, indem Sie Ihre eigene Psyche, Ihr eigenes Selbst beobachten – was immer das auch sein mag. Und zum Lernen gehört Freiheit, gehört eine Menge Neugier, gehört Intensität, Leidenschaft und Spontaneität. Ohne diese Leidenschaft, ohne diesen Drang, etwas herauszufinden, können wir nicht lernen. Und wir können auch nicht lernen, wenn wir irgendwelche Vorurteile, irgendeinen Hang zu Vorlieben oder Abneigungen, zur Mißbilligung in uns tragen, denn dann nehmen wir alles, was wir sehen, nur verzerrt wahr.

Das Wort »Disziplin« bedeutet, daß wir etwas von einem Menschen lernen, der Bescheid weiß; wir wissen angeblich nichts, also müssen wir etwas von jemand anderem lernen. Das Wort »Disziplin« sagt dies. Doch hier gebrauchen wir dieses Wort nicht in diesem Sinne, sondern für den Zustand der Selbstbeobachtung, die eine Art von Disziplin erfordert, bei der wir nichts unterdrücken, niemanden imitieren, uns nicht fügen, uns noch nicht einmal anpassen, sondern tatsächlich beobachten. Dieses reine Beobachten ist ein Akt der Disziplin, und das bedeutet lernen durch beobachten. Dieser Akt des Lernens hat bereits seine eigene Disziplin, in dem Sinne, daß wir sehr achtsam sein müssen, wir müssen eine starke Energie, Intensität und Unmittelbarkeit in diesen Akt einbringen.

Wir werden hier über Angst sprechen, und während wir uns mit diesem Thema auseinandersetzen, müssen wir sehr viele Aspekte in Betracht ziehen, denn Angst ist ein sehr komplexes Problem. Solange unser Geist nicht absolut frei von Angst ist, bringt jede Form des Handelns noch mehr Unheil, noch mehr Leid, noch mehr Verwirrung hervor. Also werden wir gemeinsam versuchen herauszufinden, was Angst umfaßt und ob es überhaupt möglich ist, vollkommen frei von ihr zu sein – nicht morgen, nicht zu irgendeinem zukünftigen Zeitpunkt, sondern so, daß die Last, die Dunkelheit, das Leid und das Korrumpierende der Angst nicht mehr existieren, wenn Sie diesen Raum verlassen. Um dies zu verstehen, müssen wir auch die Vorstellung untersuchen, die wir von »Allmählichkeit« haben – das heißt, die Vorstellung, uns allmählich, nach und nach, von Angst zu befreien. Es ist nicht möglich, die Angst allmählich loszuwerden. Entweder sind Sie vollkommen frei davon oder überhaupt nicht. Es gibt keine »Allmählichkeit« – was ja Zeit ins Spiel bringt – und zwar nicht nur im chronologischen Sinn dieses Wortes, sondern auch im psychologischen. Zeit ist ihrem Wesen nach Angst, wie wir gleich zeigen werden. Wenn wir also die Angst verstehen und uns von ihr sowie der Konditionierung, in der wir erzogen wurden, befreien wollen, dann muß die Vorstellung enden, es langsam, allmählich zu tun. Das stellt unsere erste Schwierigkeit dar.

Ich möchte noch einmal betonen, daß dies kein Vortrag ist; es ist eher so, daß zwei wohlwollende, liebevolle Menschen gemeinsam ein sehr komplexes und schwieriges Problem untersuchen. Angst gehörte zum Leben des Menschen, er hat sie als Teil seines Lebens akzeptiert, und wir untersuchen die Möglichkeit, oder besser gesagt die »Unmöglichkeit«, die Angst aufzulösen. Sie wissen, daß das, was möglich ist, bereits getan ist. Es ist bereits erledigt – ist es nicht so? Wenn es möglich ist, dann können Sie es auch tun. Doch das Unmögliche wird nur möglich, wenn Sie verstehen, daß es auf der psychischen Ebene überhaupt kein Morgen gibt. Wir alle sind mit diesem ganz besonderen Problem, mit der Angst konfrontiert, und ganz offensichtlich ist es dem Menschen bis heute nicht gelungen, sich vollständig davon zu befreien. Nicht nur auf der physischen Ebene, sondern auch in seinem Innern, auf der psychischen Ebene, war er niemals frei davon. Er ist immer vor ihr geflüchtet mit Hilfe unterschiedlichster Ablenkungen, seien sie religiöser oder anderer Art. Und diese Fluchtversuche waren nichts weiter als ein Vermeiden dessen, »was ist«. So wenden wir uns also der »Unmöglichkeit« zu, vollständig frei von Angst zu sein, – und daher wird, was »unmöglich« ist, möglich.

Was ist Angst eigentlich? Die physischen Ängste sind relativ offensichtlich und einfach zu verstehen. Doch die psychischen

Ängste sind sehr viel komplexer, und um sie verstehen zu können, müssen wir die Freiheit haben, sie zu erforschen. Nicht, um uns eine Meinung zu bilden; es geht nicht um eine dialektische Betrachtung der Möglichkeit, Angst zu beenden. Doch wir wollen uns zunächst mit dem Problem der physischen Ängste beschäftigen, die natürlich auch die Psyche beeinflussen. Wenn wir mit irgendeiner Gefahr konfrontiert werden, werden sofort physische Reaktionen ausgelöst. Ist das Angst?

(Sie lernen nicht von mir, wir lernen gemeinsam, deshalb müssen Sie sehr aufmerksam sein, denn es ist nicht gut, zu einem solchen Treffen zu kommen und dann mit ein paar Vorstellungen oder Merksätzen wieder zu gehen – das befreit den Geist nicht von Angst. Das einzige, was den Geist vollkommen und absolut von Angst befreien kann, ist das totale Verstehen der Angst in diesem Augenblick – nicht morgen. Man sieht etwas in seiner Gesamtheit, als vollständiges Ganzes, und was man dabei sieht, versteht man. Das hat dann mit Ihnen zu tun und nicht mit einem anderen.)

Wir kennen also die physische Angst, wenn wir beispielsweise vor einem Abgrund stehen oder auf ein wildes Tier stoßen. Ist die Reaktion auf eine solche Gefahr physische Angst oder ist es Intelligenz? Sie sehen eine Schlange, und Sie reagieren sofort. Diese Reaktion beruht auf unserer Konditionierung, die uns sagt »gib acht«, und unsere psychosomatische Reaktion erfolgt unmittelbar, aber sie ist konditioniert. Sie ist das Ergebnis der Vergangenheit, denn man hat uns gesagt, daß dieses Tier gefährlich ist. Haben wir also Angst, wenn wir mit irgendeiner physischen Gefahr konfrontiert werden oder reagieren wir aus einem intelligenten Impuls der Selbsterhaltung heraus?

Weiterhin kennen wir die Angst, erneut unter einem physischen Schmerz oder einer durchgestandenen Krankheit zu leiden. Was spielt sich da ab? Ist das Intelligenz? Oder ist es ein Gedankenprozeß, eine Reaktion auf eine Erinnerung, die uns fürchten läßt, ein in der Vergangenheit erlebter Schmerz könnte wiederkehren? Ist Ihnen klar, daß die Gedanken Angst erzeugen? Dann gibt es

die verschiedenen Formen psychischer Ängste – die Angst vor dem Tod, die Angst vor der Gesellschaft, die Angst, nicht geachtet zu werden, die Angst davor, was die Leute sagen könnten, die Angst vor der Dunkelheit und so weiter.
Bevor wir uns eingehender mit der Frage der psychischen Ängste auseinandersetzen, muß eines ganz klar sein. Wir wollen hier nicht analysieren. Analyse hat nicht das geringste mit Beobachten, mit »Sehen« zu tun. Wenn wir analysieren, existiert stets der Analysierende und das analysierte Objekt. Der Analysierende ist ein Teil unter vielen verschiedenen anderen Teilen, aus denen wir »zusammengesetzt« sind. Ein Teil maßt sich die Autorität als Analysierender an und beginnt zu analysieren. Nun, was bringt das mit sich? Der Analysierende ist der Zensor, jener Teil unseres Wesens, der annimmt, daß er im Besitz des Wissens und daher autorisiert ist zu analysieren. Solange er nicht vollständig, wahrheitsgetreu, ohne jegliche Verzerrung analysiert, ist seine Analyse völlig wertlos. Bitte machen Sie sich das ganz klar, denn der Sprecher betrachtet jede Art der Analyse, ganz gleich zu welchem Zeitpunkt, als unnötig. Das ist für viele eine bittere Pille, denn die meisten von Ihnen sind entweder analysiert worden oder sie werden noch analysiert oder sie beschäftigen sich mit der Analyse. Doch bei Analysen existiert nicht nur ein Analysierender, getrennt vom analysierten Objekt, sondern es kommt auch Zeit ins Spiel. Man muß allmählich, Schritt für Schritt, alle verschiedenen Teilstücke, aus denen man besteht, analysieren, und das dauert Jahre. Und darüber hinaus muß beim Analysieren der Geist absolut klar und frei sein.
Es kommt hier also folgendes zusammen: der Analysierende, ein Teilstück, das sich von den anderen Teilen abtrennt und sagt: »Ich analysiere«, und die Zeit, Tag für Tag, in der man schaut, kritisiert, verdammt, urteilt, wertet, sich erinnert. Dazu kommt noch das gesamte Drama unserer Träume, und niemand fragt je, ob es überhaupt notwendig ist zu träumen. Die Psychologen behaupten allerdings, wir müßten träumen, um nicht verrückt zu werden.

Wer ist also der Analysierende? Er ist ein Teil von uns, ein Teil unseres Geistes, und er ist derjenige, der die anderen Teile untersucht. Er ist das Ergebnis unserer vergangenen Erfahrungen, unseres vergangenen Wissens, unserer vergangenen Wertungen. Er ist das Zentrum, von dem aus er seine Untersuchungen vornimmt. Ist dieses Zentrum irgendetwas Gültiges, irgendetwas Wahres? Wir alle funktionieren aus einem Zentrum heraus. Aber was ist dieses Zentrum? Dieses Zentrum ist ein Zentrum der Angst, der Gier, der Vergnügungen, der Verzweiflung, der Hoffnung, der Abhängigkeit, des Ehrgeizes, der Vergleiche – aus diesem Zentrum heraus denken und handeln wir. Und das ist keine Vermutung, keine Theorie, sondern eine absolute Tatsache, die wir täglich beobachten können. In diesem Zentrum existieren viele Teile, und einer dieser Teile wird zum Analysierenden. Das ist absurd, denn der Analysierende ist das Analysierte. Das muß Ihnen klar sein, sonst können Sie nicht folgen, wenn wir uns mit dem Problem der Angst auf einer tieferen Ebene auseinandersetzen. Sie müssen das vollkommen verstehen, denn wenn Sie diesen Raum verlassen, müssen Sie frei davon sein, so daß Sie anfangen können zu leben, voller Freude zu leben und die Welt mit anderen Augen zu betrachten, so daß Sie Beziehungen eingehen können, die nicht mehr mit Angst, mit Eifersucht, mit Verzweiflung belastet sind, so daß Sie ein menschliches Wesen werden und nicht mehr ein gewalttätiges, zerstörerisches Tier sind.

Der Analysierende ist also selbst das Analysierte, und der ganze Konflikt entsteht durch die Trennung zwischen ihm und dem analysierten Objekt. Analyse ist immer mit Zeit verbunden: bis Sie alles analysiert haben, stehen Sie am Rand des Grabes und haben überhaupt nicht gelebt. (*Gelächter*) Nein, lachen Sie nicht, das ist nicht unterhaltsam, sondern todernst. Nur der ernste, ernsthafte Mensch weiß, was Leben ist, was es bedeutet zu leben, nicht wer das Vergnügen sucht. Deshalb erfordert dieses Thema die Bereitschaft zu ernsthaftem Forschen.

Der Geist muß die Idee der Analyse vollkommen fallen lassen, denn sie ist bedeutungslos. Sie sollen das nicht so sehen, weil es der Sprecher sagt, sondern weil Sie die Realität des gesamten Prozesses der Analyse durchschauen. Und diese Wahrheit führt zum Verstehen; Wahrheit ist Verstehen – Sie verstehen, daß Analysieren der falsche Weg ist. Und wenn Sie sehen, daß etwas falsch ist, können Sie es vollständig hinter sich lassen. Nur wenn wir nicht sehen können, sind wir verwirrt.

Können wir nun die Angst als Ganzes betrachten – nicht die mannigfachen psychischen Ängste, sondern Angst an sich? Es gibt nur eine Angst. Obwohl es für Angst verschiedene Ursachen gibt, die von verschiedenen Reaktionen und Einflüssen abhängen, gibt es nur eine Angst. Und Angst existiert nicht eigenständig, sie existiert als Beziehung. Das ist ziemlich einfach und offensichtlich. Man hat Angst vor etwas – vor der Zukunft, vor der Vergangenheit, vor dem Versagen, davor nicht genug geliebt zu werden, vor Vereinsamung, vor Elend, vor dem Alter und dem Tod.

Wir haben also Angst, sowohl bewußt als auch unbewußt. Wir wollen nun nicht eine bestimmte Form der Angst untersuchen, sondern Angst als Ganzes – sowohl die bewußte als auch die verborgene. Wie entsteht Angst? Wenn wir diese Frage stellen, müssen wir auch fragen: Was ist Vergnügen? Denn Angst und Vergnügen sind untrennbar miteinander verbunden. Man kann die Angst nicht hinter sich lassen, ohne das Vergnügen zu verstehen, sie sind die zwei Seiten einer Medaille. Wenn Sie also verstehen, was Angst in Wahrheit ist, verstehen Sie auch, was Vergnügen in Wahrheit ist. Sich nur Vergnügen zu wünschen ohne Angst zu haben, ist eine unmögliche Forderung. Wenn Sie jedoch beide verstünden, würden Sie sie anders einschätzen können, sie mit anderen Augen betrachten. Mithin müssen wir Zustandekommen und Beschaffenheit sowohl von Angst als auch von Vergnügen verstehen lernen. Man kann nicht von der einen frei sein und an dem anderen festhalten.

Was ist also Angst, und was ist Vergnügen? Wie Sie sicher bei sich selbst beobachten können, möchten Sie die Angst loswerden.

Das ganze Leben besteht aus einer einzigen Flucht vor der Angst. Ihre Götter, Ihre Kirchen, Ihre Moralvorstellungen beruhen alle auf Angst, und wir müssen verstehen, wie diese Angst zustande kommt. Sie haben in der Vergangenheit etwas getan und möchten nicht, daß es ans Licht kommt, das ist eine Form von Angst. Sie haben Angst vor der Zukunft, weil Sie keine Arbeit haben, oder Sie haben Angst vor etwas anderem. Sie haben also Angst vor der Vergangenheit und Angst vor der Zukunft. Die Angst steigt auf, wenn die Gedanken zurück in die Vergangenheit schweifen oder sich mit Dingen beschäftigen, die in der Zukunft geschehen könnten. Es ist also das Denken, das die Angst erzeugt. Die Menschen – besonders in Amerika – haben sehr sorgfältig vermieden, über den Tod nachzudenken; aber er ist immer da. Sie möchten nicht daran denken, denn in dem Augenblick, in dem sie das tun, bekommen sie Angst. Und weil sie Angst haben, haben sie Theorien darüber. Sie glauben an Auferstehung, an Reinkarnation, sie haben Dutzende von Glaubenssystemen, die alle ihrer Angst, alle ihrem Denken entspringen. Die Gedanken erzeugen die Angst von gestern und vor dem Morgen und erhalten sie aufrecht, und die Gedanken erzeugen auch unser Vergnügen. Sie sehen einen wunderbaren Sonnenuntergang, und im gleichen Moment empfinden Sie große Freude; da ist die Schönheit des Lichtes auf dem Wasser und die Bewegung in den Bäumen; Sie spüren großes Entzücken. Dann kommen die Gedanken auf und sagen: »Oh, wie gerne würde ich das wieder erleben«. Sie fangen an darüber nachzudenken, und gehen morgen wieder an diesen Platz und sehen nicht das gleiche. Oder Sie erlebten sexuelle Lust und denken darüber nach, Ihre Gedanken drehen sich darum, Sie schaffen sich Bilder, Vorstellungen, und die Gedanken erhalten diese aufrecht. Die Gedanken erzeugen Lust, und sie erzeugen Angst. Die Gedanken sind also dafür verantwortlich. Das ist nicht eine Formel, die Sie auswendig lernen sollen, sondern eine Tatsache, die wir gemeinsam verstehen wollen, und deshalb ist Zustimmung oder Ablehnung sinnlos.

Was sind Gedanken? Gedanken sind offensichtlich eine Reaktion unseres Gedächtnisses. Wenn wir kein Erinnerungsvermögen hätten, könnten wir nicht denken. Wenn Sie sich nicht an die Straße erinnern könnten, die zu Ihrem Haus führt, könnten Sie nicht nach Hause finden. Das Denken also erzeugt und erhält nicht nur Angst und Vergnügen, sondern ist auch notwendig, damit wir funktionieren, damit wir effizient handeln können. Sehen Sie, wie schwierig das Ganze wird: Einerseits müssen wir uns der Gedanken bedienen, müssen sie zielgerichtet einsetzen, wenn wir – technisch gesehen – funktionieren, wenn wir handeln wollen, und gleichzeitig erzeugen sie auch Angst und Lust und folglich Schmerz.

Man fragt sich daher: Welchen Stellenwert hat das Denken? Wo ist die Grenze zwischen dem Bereich, wo gerade die Gedanken eingesetzt werden müssen, und jenem, wo sie sich nicht einmischen dürfen, – so daß Sie beispielsweise einen wunderschönen Sonnenuntergang sehen, ihn momentan ganz erleben und momentan ganz vergessen können. Unser Denken ist nie frei, weil es seine Wurzeln in der Vergangenheit hat, Gedanken sind niemals neu. Und wir haben auch keine Wahlfreiheit, denn es sind ja Gedanken im Spiel, wenn wir wählen. Wir haben hier also ein sehr subtiles Problem: Einerseits sehen wir die Gefahren des Denkens, das Angst gebiert – und Angst zerstört, pervertiert, läßt den Geist in Dunkelheit und Leid leben –, doch wir sehen auch, daß das Denken effizient, zielgerichtet, emotionslos eingesetzt werden muß. Was geschieht mit Ihrem Bewußtsein, während Sie diese Tatsache beobachten?

Sehen Sie, meine Damen und Herren, es ist ungeheuer wichtig, daß das ganz klar verstanden wird, denn es ist nicht gut, wenn Sie hier sitzen und einer Menge Worte lauschen, die für Sie keine Bedeutung haben, und wenn Sie dann am Schluß noch immer voller Angst sind. Wenn Sie von hier fortgehen, muß auch die Angst verschwunden sein. Nicht, weil Sie sich selbst hypnotisiert haben, sich eingeredet haben, daß es keine Angst gibt, sondern weil Sie das ganze Wesen der Angst tatsächlich, psychisch, innerlich verstanden haben.

Deshalb ist es so wichtig zu lernen, zu schauen. Wir beobachten hier ganz genau, wie Angst entsteht. Wenn Sie an den Tod denken oder daran, Ihre Arbeitsstelle zu verlieren, wenn Sie an die verschiedensten Dinge denken, die in der Vergangenheit geschahen oder in der Zukunft geschehen könnten, kommt unweigerlich Angst auf. Wenn der menschliche Geist die Tatsache sieht, daß das Denken funktionieren muß, und gleichzeitig die Gefahr des Denkens erkennt – welche Qualität hat dann der Geist, der dies alles sieht? Das müssen Sie herausfinden, warten Sie nicht darauf, daß ich es Ihnen sage.

Bitte hören Sie gut zu; es ist wirklich so einfach. Wir haben bereits gesagt, daß Analyse sinnlos ist, und wir haben erklärt, warum. Wenn Sie diese Wahrheit erkannt haben, dann haben Sie sie auch verstanden. Vorher hatten Sie Analyse als Teil Ihrer Konditionierung akzeptiert, jetzt, da Sie die Sinnlosigkeit, das Verkehrte der Analyse sehen, fällt sie weg. In welchem Zustand befindet sich also der Geist, der die Analyse hinter sich gelassen hat? Er ist freier, nicht wahr? Deshalb ist er lebendiger, aktiver und folglich viel intelligenter, wacher, empfindsamer. Und wenn Sie gesehen haben, wie Angst tatsächlich entsteht, wenn Sie das verstanden und gleichermaßen das Entstehen des Vergnügens beobachtet haben, dann beobachten Sie Ihren Bewußtseinszustand. Ihr Geist wird viel schärfer, viel klarer, und folglich ungeheuer intelligent. Diese Intelligenz hat absolut nichts mit Wissen, mit Erfahrung zu tun. Diese Intelligenz können Sie nicht durch den Besuch irgendeiner Universität erlangen oder indem Sie ein Sensitivitätstraining mitmachen. Diese Intelligenz stellt sich ein, wenn Sie das gesamte Wesen der Analyse und alles, was damit zusammenhängt, sehr genau beobachtet haben (wieviel Zeit die Analyse verschlingt, und wie töricht der Versuch ist, daß ein Teil sich an die Aufklärung des Ganzen macht), wenn Sie das Wesen der Angst gesehen haben und verstanden haben, was Vergnügen ist.

Wenn die Angst, die ja zur Gewohnheit geworden ist, Sie morgen überfällt, werden Sie wissen, wie Sie ihr zu begegnen haben, und werden sie nicht fortschieben. Diese direkte Begegnung mit der Angst bedeutet gleichzeitig ihr Ende, da Sie Ihre Intelligenz gebrauchen. Und das bedeutet, daß nicht nur die bekannten, sondern auch die tief verborgenen Ängste verschwinden.

Sehen Sie, eines der erstaunlichsten Phänomene ist die starke Beeinflußbarkeit des Menschen. Von Kindesbeinen an werden wir dazu erzogen, ein Katholik, ein Protestant, ein Amerikaner oder was auch immer zu sein. Wir sind das Produkt einer ständig wiederholten Propaganda, die wir dann ebenfalls unentwegt wiederholen. Wir sind Menschen aus zweiter Hand. Seien Sie daher auf der Hut, nicht vom Sprecher beeinflußt zu werden, denn es geht um Ihr Leben, nicht um sein Leben.

Wenn wir uns mit der Frage beschäftigen, was Vergnügen ist, müssen wir auch verstehen, was wirkliche Freude ist, denn diese hat mit Vergnügen nichts zu tun. Hat Vergnügen, hat Verlangen irgend etwas mit Liebe zu tun? Um dies zu verstehen, muß man sich selbst beobachten. Man ist das Produkt der Welt, ist als Mensch mit anderen Menschen verbunden, die alle die gleichen Probleme haben. Vielleicht nicht die gleichen wirtschaftlichen oder sozialen, aber die gleichen menschlichen Probleme – alle kämpfen, reiben sich auf und sagen sich, daß das Leben, so wie es gelebt wird, völlig sinnlos ist. Und so erfindet man Regeln für das Leben. All das wird höchst überflüssig, wenn Sie Ihre psychische Struktur, das Wesen der Angst, des Vergnügens, der Liebe und den Sinn des Todes verstanden haben. Nur dann kann man als ganzer Mensch leben und nie mehr fehlgehen.

Wenn Sie möchten, können Sie nun Fragen stellen, aber vergessen Sie dabei bitte nicht, daß ebenso wie die Frage die Antwort in Ihnen liegt.

Wenn Angst durch das Unbekannte hervorgerufen wird und wenn Sie sagen, Denken sei nicht der Weg, um die Angst zu verstehen …?

Sie sagen, daß Sie Angst vor dem Unbekannten haben, entweder vor dem Unbekannten in der Zukunft oder vor dem wirklich

Unbekannten. Heißt das, daß Sie Angst vor etwas haben, das Sie nicht kennen? Oder ängstigt Sie etwas, das Sie kennen, dem Sie verhaftet sind? Fürchten Sie also, das Bekannte zu verlassen? Haben Sie mich verstanden? Wenn Sie Angst vor dem Tod haben, haben Sie dann Angst vor dem Unbekannten? Oder haben Sie Angst, alles hinter sich lassen zu müssen, was Sie bisher kannten – Ihre Vergnügungen, Ihre Familie, alles was Sie erreicht haben, Ihre Erfolge, Ihre Möbel? Wie kann man Angst vor etwas haben, das man nicht kennt? Aber wenn wir Angst davor haben, dann möchte unser Verstand es auf die Ebene des Bekannten bringen und fängt an, sich bestimmte Vorstellungen zu machen. Und deshalb ist Ihr Gott das Produkt Ihrer Vorstellungskraft oder Ihrer Angst. Hören Sie also auf, über das Unbekannte zu spekulieren. Verstehen Sie das Bekannte, und befreien Sie sich davon.

Ich habe irgendwo den Ausspruch gelesen: »Vater, ich glaube, hilf meinem Unglauben.« Wie können wir angesichts unseres offensichtlichen Konfliktes zwischen Glauben und Zweifel überhaupt irgend etwas erreichen?

Weshalb glauben Sie überhaupt etwas, das Sie lesen? Es ist gleichgültig, ob es in der Bibel oder in der Bhagavad Gita oder in den heiligen Büchern anderer Religionen steht. Schauen Sie genau hin – warum glauben Sie an etwas? Glauben Sie daran, daß morgen die Sonne aufgeht? In gewissem Sinne glauben Sie es; Sie denken, daß Sie aufgehen wird. Aber weshalb glauben Sie an einen Himmel, an einen Vater, an irgend etwas? Weil Sie Angst haben; Sie sind unglücklich und einsam, und weil Sie Angst vor dem Tod haben, glauben Sie an etwas, das Sie sich als unvergänglich vorstellen. Wie kann ein Geist, der mit Glaubensinhalten beladen ist, klar sehen? Wie kann er frei sein, um beobachten zu können? Wie kann solch ein Geist lieben? Sie glauben an das eine, und ein anderer glaubt an etwas anderes. Wenn man das gesamte Problem der Angst verstanden hat, glaubt man an gar nichts. Dann funktioniert der Geist glücklich, ohne Verzerrung, und der Mensch erfährt einen Zustand großer Freude, ja Ekstase.

Ich habe Ihre Bücher gelesen, ich besuche Ihre Vorträge und höre Sie wunderbare Dinge sagen. Ich höre Sie über Angst sprechen und darüber, wie wir sie zum Verschwinden bringen sollen, doch der Verstand ist voller Verlangen, voller Gedanken. Das ist sein Wesen. Wie sollen wir geistige Freiheit erfahren, solange der Verstand ständig aktiv ist? Nach welchem System?

Was ist Verlangen? Warum plappert der Verstand so unaufhörlich?

Aus Unzufriedenheit.

Bitte antworten Sie nicht, finden Sie es heraus. Schauen Sie: Sie fragen nach einem System, einer Methode, einer Disziplin, um den Verstand zum Schweigen zu bringen, um dies oder jenes zu verstehen oder um das Verlangen zu überwinden. Wenn Sie nach einem System vorgehen, unterwerfen Sie sich einer mechanischen Routine, tun Sie wieder und wieder das gleiche; das gehört zum System. Was geschieht, wenn der Geist das tut? Er wird abgestumpft, dumm. Man muß verstehen, weshalb der Verstand plappert, weshalb er von einem Objekt zum anderen springt.
Ich glaube nicht, daß ich dieses Thema heute abend noch vertiefen kann – sind Sie nicht müde? (*»Nein«-Rufe aus dem Publikum*) Sie hatten einen langen Tag im Büro – voller Routine. Hier sagen Sie, daß Sie nicht müde sind, das heißt wohl, daß Sie nicht mitgearbeitet haben. (*Gelächter*) Sie haben nicht ernsthaft und engagiert geforscht. Sie haben das Ganze als Unterhaltung betrachtet und werden mit Ihren Ängsten von hier fortgehen. Meine Herrschaften, was für einen Sinn hat dann das Ganze, um Himmels willen?

Santa Monica, Kalifornien — *4. März 1970*

Notwendige Wandlung

Die Veränderung der Gesellschaft ist zweitrangig,
sie wird sich auf natürliche Weise unvermeidlich ergeben,
wenn der einzelne Mensch eine innere Wandlung
in sich selbst vollzieht.

Wir haben die außerordentlich komplexe Erscheinung des alltäglichen Lebens betrachtet, den täglichen Kampf, die Konflikte, das Leid und die Verwirrung, in der sich der Mensch befindet. Solange wir Dynamik und Struktur dieser komplexen Erscheinung – unser Gefangensein in der Falle – nicht wirklich verstehen, kann es keine Freiheit geben, weder die Freiheit, sich zu erforschen, noch jene Freiheit, die der totalen Aufgabe des Ich entspringt und mit großer Freude einhergeht. Eine solche Freiheit ist nicht möglich, wenn entweder an der Oberfläche oder in schwer zugänglichen Bereichen des Geistes Angst in irgendeiner Form in uns existiert. Wir haben bereits auf die Verflechtung zwischen Angst, Vergnügen und Verlangen hingewiesen. Um die Angst zu verstehen, müssen wir auch die Natur des Vergnügens verstehen.

Heute morgen wollen wir über das Zentrum sprechen, aus dem heraus wir leben und aktiv sind und darüber, ob es überhaupt möglich ist, dieses Zentrum zu verändern. Denn eine Wandlung, eine Transformation, eine innere Revolution ist offensichtlich notwendig. Um diese Transformation zu ermöglichen, muß man sehr genau untersuchen, woraus unser Leben besteht – wir dürfen nicht davor fliehen, uns nicht in theoretischen Glaubenssätzen und Behauptungen verlieren, sondern müssen ganz genau beobachten, was unser Leben wirklich ausmacht, und sehen, ob es möglich ist, es vollkommen zu transformieren. Diese Transformation kann auch das Wesen, die Kultur der Gesellschaft verändern. Die Gesellschaft muß verändert werden, denn es gibt so viele Mißstände, so viele soziale Ungerechtigkeiten, eine widerwärtig geheuchelte Frömmigkeit und so weiter. Doch die Veränderung der Gesellschaft ist zweitrangig, sie wird sich auf natürliche Weise unvermeidlich ergeben, wenn Sie diesen Wandel in sich selbst bewirken, da Sie als Mensch zu anderen Menschen in Beziehung stehen.

Heute morgen wollen wir uns drei wesentliche Dinge anschauen: Was ist das Leben, wie wir es Tag für Tag leben? Was ist Mitgefühl, was Liebe? Und drittens, was ist der Tod? Diese drei sind eng miteinander verbunden; wenn wir eines verstehen, verstehen wir auch die anderen beiden. Wie wir bereits gesehen haben, können wir uns nicht Teile des Lebens heraussuchen und den Teil wählen, der uns vielleicht wertvoll erscheint oder gefällt oder unseren Neigungen entspricht. Entweder nimmt man das Leben in seiner Gesamtheit an – und dazu gehören Liebe, Leben und Tod – oder man greift sich nur ein Teilstück heraus, was zunächst zufriedenstellend scheinen mag, aber unvermeidlich noch größere Verwirrung mit sich bringt. Wir müssen also das Ganze betrachten und dürfen bei dieser Betrachtung des Lebens nicht vergessen, daß wir über etwas Ganzheitliches, Heiles und Heiliges sprechen.

Im Alltag unserer Beziehungen erleben wir Konflikte, Schmerz und Leiden; wir leben in ständiger Abhängigkeit voneinander, was zu Selbstmitleid und zum Vergleichen führt, und das nennen wir Leben. Ich möchte an dieser Stelle noch einmal wiederholen: Wir befassen uns hier nicht mit Theorien, wir propagieren keine Ideologie – denn Ideologien haben offensichtlich keinen Wert; im Gegenteil, sie rufen noch größere Verwirrung, noch mehr Konflikte hervor. Wir geben hier keine Meinungen ab, werten nicht, urteilen nicht. Wir konzentrieren uns einzig und allein darauf zu beobachten, was tatsächlich vor sich geht, um zu sehen, ob das transformiert werden kann.

Man kann im eigenen Alltag sehr klar sehen, wie widersprüchlich, wie verworren unser tägliches Leben ist; unser Leben, wie wir es jetzt leben, ist absolut sinnlos. Man kann einen Sinn erfinden, die Intellektuellen tun das, und viele Menschen übernehmen diesen Sinn; es mag eine sehr kluge Philosophie sein, aber sie gründet sich auf nichts. Wenn man sich dagegen nur mit dem beschäftigt, »was ist«, ohne irgendeine Bedeutung zu erfinden, ohne zu flüchten oder sich in Theorien oder Ideologien zu verlieren, wenn man ungeheuer achtsam ist, dann ist unser Geist wirklich fähig, vor sich zu sehen, »was ist«. Theorien und Glaubenssysteme verändern unser Leben nicht – es gibt sie seit Jahrtausenden, doch der Mensch hat sich nicht geändert. Sie haben ihm vielleicht einen gewissen Schliff gegeben, er ist vielleicht nicht mehr ganz so »wild«, doch er ist immer noch brutal, gewalttätig, unberechenbar und unfähig, wirklichen Ernst aufzubringen. Wir leben ein Leben voller Sorgen vom Moment unserer Geburt an bis wir sterben. Das ist eine Tatsache und noch so viele Theorien über diese Tatsache werden sie nicht ändern. Einzig die Aufnahmebereitschaft, die Energie, die Intensität, die Leidenschaft, mit der wir diese Tatsache betrachten, kann ändern »was ist«. Und wir können diese Leidenschaft, diese Intensität nicht aufbringen, wenn unser Geist einer Illusion, einer spekulativen Ideologie nachläuft.

Wir untersuchen hier etwas ziemlich komplexes, und dafür brauchen Sie Ihre ganze Energie, Ihre gesamte Aufmerksamkeit, und zwar nicht nur, während Sie hier in diesem Vortragsraum sitzen, sondern in jeder Minute Ihres Lebens – falls es Ihnen überhaupt ernst damit ist. Es geht hier um die Wandlung dessen, »was ist«, des Leides, der Konflikte, der Gewalt, der gegenseitigen Abhängigkeit – nicht der Abhängigkeit vom Lebensmittelhändler, vom Arzt oder vom Postboten. Es geht um die gegenseitige psychische und psychosomatische Abhängigkeit in unseren Beziehungen. Diese gegenseitige Abhängigkeit ruft unweigerlich Angst hervor: Solange mein emotionales, psychisches oder geistiges Wohlergehen von Dir abhängt, bin ich Dein Sklave, und das erzeugt Angst. Das ist eine Tatsache. Die meisten Menschen sind von einem anderen abhängig, und diese Abhängigkeit führt zu Selbstmitleid, das wiederum durch Vergleichen hervorgerufen wird. Wo also psychische Abhängigkeit voneinander besteht – von der Ehefrau oder dem Ehemann – muß nicht nur Angst und Vergnügen existieren, sondern auch der Schmerz, der damit verbunden ist. Ich hoffe, Sie beobachten das in Ihrem eigenen Innern und hören sich nicht bloß den Sprecher an.

Man kann auf zwei Arten zuhören: auf eine unbeteiligte Weise, bei der man eine Reihe von Ideen hört und mit ihnen übereinstimmt oder nicht, oder auf eine andere Weise, bei der man nicht nur den Worten und der Bedeutung dieser Worte lauscht, sondern auch dem, was sich tatsächlich im eigenen Innern abspielt. Wenn Sie auf diese Weise lauschen, dann hat das, was der Sprecher sagt, eine Beziehung zu dem, was Sie in Ihrem Inneren hören; dann hören Sie nicht einfach dem Sprecher zu – was belanglos ist –, sondern Sie lauschen Ihrem ganzen inneren Wesen. Und wenn Sie auf diese Weise zur gleichen Zeit und auf der gleichen Ebene intensiv lauschen, dann teilen wir etwas miteinander, dann nehmen wir gemeinsam teil an dem, was tatsächlich geschieht. Dann besitzen Sie die Leidenschaft, die transformieren kann, »was ist«. Doch wenn Sie nicht mit Ihrem ganzen Bewußtsein, mit ganzem Herzen auf diese Weise lauschen, dann wird ein Zusammentreffen wie dieses absolut bedeutungslos.

Indem man versteht »was ist«, jenes wirklich schreckliche Leben, das man führt, sieht man, daß man isoliert lebt, denn selbst wenn man Frau und Kinder hat, geht der die innere Isolation bewirkende Vorgang weiter. Auch die Ehefrau, die Freundin oder der Freund leben in Wirklichkeit in Isolation; obwohl man zusammen im gleichen Haus lebt, ist jeder isoliert, allein mit seinen eigenen Ambitionen, mit seinen eigenen Ängsten, seinem eigenen Leid. Und dieses Zusammenleben nennen wir Beziehung. Auch das ist eine Tatsache: Sie haben Ihr Bild von ihr, und sie hat ihr Bild von Ihnen, und Sie haben Ihr eigenes Bild von sich selbst. Die Beziehung findet zwischen diesen Bildern statt und ist keine echte Beziehung. Also muß man zunächst herausfinden, wie diese Bilder konstruiert werden, wie sie entstehen, weshalb sie existieren und was es bedeutet, ohne solche Bilder zu leben. Ich weiß nicht, ob Sie sich jemals Gedanken darüber gemacht haben, ob es überhaupt möglich ist, ohne Bilder, ohne Formeln zu leben, und wie ein solches Leben aussehen würde. Wir werden es herausfinden.

Wir machen ständig viele Erfahrungen, manche bewußt, manche unbewußt. Jede Erfahrung hinterläßt einen Eindruck, und aus diesen Eindrücken, die sich Tag für Tag ansammeln, formt sich ein Bild. Jemand beleidigt Sie, und schon haben Sie sich Ihr Bild von dem anderen gemacht. Ein anderer schmeichelt Ihnen, und auch dabei wird ein Bild geformt. So entsteht aus jeder Reaktion unweigerlich ein Bild. Ist es nun möglich, dieses einmal erschaffene Bild wieder aufzulösen?

Um ein Bild aufzulösen, müssen wir zunächst herausfinden, wie es entsteht. Jedesmal, wenn wir nicht angemessen auf eine Herausforderung reagieren, bleibt ein Bild von ihr zurück. Wenn Sie mich einen Dummkopf nennen, werden Sie sofort zu meinem Feind, zu jemand, den ich nicht mag. Wenn Sie mich einen Dummkopf nennen, muß ich in diesem Augenblick hellwach sein und ohne jede Wertung, ohne jegliches Urteil einfach hören, was Sie sagen. Wenn Ihre Äußerung in mir keine emotionale Reaktion hervorruft, wird kein Bild geformt.

Man muß sich also der Reaktion bewußt sein und darf ihr keine Zeit lassen, Wurzeln zu schlagen, denn in dem Augenblick, in dem die Reaktion Wurzeln schlägt, hat sich schon ein Bild geformt. Sind Sie dazu imstande? Sie benötigen dafür Ihre ganze Aufmerksamkeit. Es genügt nicht, träumend durchs Leben zu gehen, – Sie müssen wie im Augenblick einer Herausforderung mit Ihrem ganzen Wesen präsent sein, müssen mit Ihrem Herzen, Ihrem Geist lauschen, so daß Sie klar wahrnehmen, was gesagt wird – sei es eine Beleidigung, eine Schmeichelei oder eine Meinung über Sie. Dann werden Sie feststellen, daß überhaupt kein Bild entsteht. Ein Bild beruht immer auf dem, was in der

Vergangenheit geschah. Wenn es ein angenehmes Bild ist, halten wir daran fest. Ist es ein schmerzliches, wollen wir es loswerden. So entstehen Wünsche: Eine Sache wollen wir festhalten, eine andere loswerden, doch Wünsche bringen Konflikte mit sich. Wenn Sie sich all dessen bewußt sind, ihm ohne zu wählen Aufmerksamkeit schenken, einfach beobachten, dann können Sie Ihre eigenen Entdeckungen machen, dann leben Sie nicht nach den Vorgaben irgendeines Psychologen oder Priesters oder Arztes. Um die Wahrheit zu finden, müssen Sie völlig von all dem befreit sein, müssen Sie alleine stehen. Und alleine stehen bedeutet, der Gesellschaft den Rücken kehren.

Wenn Sie sich selbst sehr sorgfältig beobachten, werden Sie feststellen, daß ein Teil Ihres Gehirns, der sich in Jahrtausenden entwickelt hat, die Vergangenheit in sich trägt – alle vergangenen Erfahrungen, das Gedächtnis. In dieser Vergangenheit liegt Sicherheit. Ich hoffe, Sie beobachten all das in Ihrem Innern. Die Vergangenheit reagiert immer sofort. Doch wenn Sie die Reaktion der Vergangenheit in dem Augenblick zurückhalten, da Sie einer Herausforderung gegenüberstehen, so daß eine Pause zwischen der Herausforderung und der Reaktion entsteht, dann haben Sie das Bild aufgelöst. Wenn wir das nicht tun, werden wir immer in der Vergangenheit leben. Wir sind die Vergangenheit, und in dieser Vergangenheit gibt es keine Freiheit. Das ist also unser Leben: ein ständiger Kampf; die Vergangenheit, die sich abgewandelt durch die Gegenwart in die Zukunft hineinbewegt – die immer noch die Bewegung der Vergangenheit ist, wenn auch abgewandelt. Solange diese Energie existiert, kann der Mensch niemals frei sein, muß er immer im Schmerz, in Verwirrung, im Leid leben. Kann man die Reaktion der Vergangenheit hinauszögern, so daß das unmittelbare Entstehen eines Bildes verhindert wird?

Wir müssen das Leben betrachten, wie es ist – jenes endlose Jammertal und die Flucht davor in religiösen Aberglauben oder in die Idealisierung des Staates oder in die verschiedensten Vergnügungen. Wir müssen uns anschauen, wie wir in die

Neurose flüchten, denn eine Neurose bietet ein außerordentliches Gefühl von Sicherheit. Ein Mensch, der »glaubt«, ist neurotisch; ein Mensch, der ein Bild verehrt, ist neurotisch. Diese Neurosen vermitteln uns das Gefühl großer Sicherheit. Doch das wird nicht zu einer radikalen inneren Revolution führen. Diese kann nur stattfinden, indem wir völlig wertfrei, ohne Verzerrung durch Wünsche oder Vergnügen oder Angst beobachten, einfach betrachten, was wir tatsächlich sind, ohne davor zu flüchten. Und benennen Sie nicht, was Sie sehen, beobachten Sie nur. Dann haben Sie die Leidenschaft, die Energie, die nötig ist, um sehen zu können, und bei diesem Sehen tritt eine ungeheure Veränderung ein.

Was ist Liebe? Wir reden soviel darüber – über die Liebe zu Gott, die Liebe zur Menschheit, die Liebe zum Vaterland, die Liebe zu unserer Familie – doch seltsamerweise geht diese Liebe mit Haß einher. Sie lieben Ihren Gott und hassen den anderer Menschen, Sie lieben Ihre Nation, Ihre Familie, aber Sie sind gegen eine andere Nation, gegen eine andere Familie. Und überall auf der Welt wird Liebe immer mehr mit Sex in Zusammenhang gebracht. Wir verurteilen nicht, wir richten nicht, wir werten nicht, wir beobachten einfach, was wirklich vor sich geht, und wenn Sie wirklich zu beobachten verstehen, wird dadurch ungeheure Energie in Ihnen frei.

Was ist Liebe, und was ist Mitgefühl? Das Wort »Mitgefühl« bedeutet, daß Sie mit jedem Menschen mitfühlen, daß Sie sich um alles sorgen – einschließlich der Tiere, die Sie töten, um sie zu essen. Lassen Sie uns zunächst betrachten, was tatsächlich ist, nicht was sein sollte – was tatsächlich im täglichen Leben geschieht. Wissen wir, was es bedeutet zu lieben, oder kennen wir nur Lust und Verlangen, was wir Liebe nennen? Natürlich gehen mit der Lust und mit dem Verlangen auch Zärtlichkeit, Zuneigung und Fürsorge einher. Ist Liebe also Lust, Verlangen? Für die meisten von uns ist sie das offensichtlich. Man ist abhängig von seiner Frau, man liebt seine Frau, doch wenn sie einmal jemand anderen anschaut, ist man wütend, frustriert, leidet –

und landet schließlich vor dem Scheidungsrichter. Das nennen wir Liebe! Und wenn Ihre Frau stirbt, nehmen Sie sich eine andere, so groß ist Ihre Abhängigkeit. Man fragt sich nie, warum man voneinander abhängig ist (ich spreche von der psychischen Abhängigkeit). Wenn Sie sich eingehender mit dieser Frage befassen, werden Sie sehen, wie einsam Sie im tiefsten Inneren sind, wie frustriert und unglücklich. Sie wissen nicht, wie Sie dieser Einsamkeit, dieser Isolation, die eine Form von Selbstmord ist, begegnen sollen. Und weil Sie nicht wissen, was Sie tun sollen, werden Sie abhängig. Diese Abhängigkeit bietet Ihnen Trost und Gemeinschaft, doch wenn dieses Gemeinschaftsgefühl ein klein wenig ins Wanken gerät, werden Sie eifersüchtig und geraten außer sich.

Würden Sie Ihre Kinder in den Krieg schicken, wenn Sie sie liebten? Würden Sie ihnen die Art von Erziehung angedeihen lassen, die sie heute bekommen, eine rein technik-orientierte Erziehung, die ihnen helfen soll, eine Arbeitsstelle zu finden, Prüfungen zu bestehen, und die alles sonst in diesem wunderbaren Leben vernachlässigt? Sie behüten Ihre Kinder so sorgfältig, bis sie etwa fünf Jahre alt sind, und dann werfen Sie sie den Wölfen vor. Das nennen Sie Liebe. Kann dort Liebe sein, wo Gewalttätigkeit, Haß und Feindschaft herrschen?

Was werden Sie also tun? Diese Gewalttätigkeit und dieser Haß schließen Ihre Tugend und Ihre Moral mit ein (wenn Sie diese hinter sich lassen, sind Sie wirklich tugendhaft). Und das bedeutet, daß Sie alle Aspekte der Liebe sehen. Dann stehen Sie alleine und sind fähig zu lieben. Sie hören sich das an, weil es die Wahrheit ist. Doch wenn sie nicht gelebt wird, wird die Wahrheit zu einem Gift; wenn Sie eine Wahrheit hören und nicht danach leben, ruft das einen weiteren Widerspruch und damit neues Leid in Ihnen hervor. Hören Sie also mit ganzem Herzen, mit Ihrem ganzen Bewußtsein zu – oder überhaupt nicht. Doch da Sie hier sind, hoffe ich, daß Sie wirklich zuhören!

Liebe ist nicht das Gegenteil von irgend etwas. Sie ist nicht das Gegenteil von Haß oder Gewalt. Selbst wenn Sie von niemandem abhängig sind und ein höchst tugendhaftes Leben führen – Sozialarbeit leisten und auf den Straßen demonstrieren, – wenn Sie keine Liebe in sich haben, ist das alles völlig wertlos. Wenn Sie lieben, können Sie tun, was Sie wollen. Denn ein Mensch, der liebt, begeht keinen Fehler – oder er wird einen Fehler, den er begangen hat, sofort korrigieren. Ein Mensch, der liebt, kennt keine Eifersucht und keine Reue. Für ihn gibt es auch keine Vergebung, denn es geschieht niemals etwas, das der Vergebung bedürfte. Um all das zu verstehen, muß man intensiv forschen, muß man sehr sorgfältig und aufmerksam sein. Doch Sie sind in der Falle der modernen Gesellschaft gefangen; Sie haben diese Falle selbst konstruiert, und wenn irgend jemand Sie darauf hinweist, schauen Sie weg. Und so setzen sich Krieg und Haß fort.

Ich frage mich, was der Tod für Sie bedeutet, – nicht theoretisch, sondern was er wirklich für Sie bedeutet – nicht als etwas, das unweigerlich durch einen Unfall, eine Krankheit oder das Alter auf Sie zukommt. Das kommt auf jeden zu: Das Alter und der Versuch jung zu erscheinen, der mit dem Altern einhergeht. Alle Theorien, alle Hoffnungen bedeuten, daß Sie verzweifelt sind, und in Ihrer Verzweiflung suchen Sie nach etwas, das Ihnen Hoffnung geben kann. Haben Sie Ihre Verzweiflung jemals genau angeschaut, um zu sehen, weshalb sie existiert? Sie existiert, weil Sie sich mit jemand anderem vergleichen, weil Sie etwas erfüllen wollen, etwas werden, etwas sein, etwas erreichen wollen.

Es ist seltsam, wie sehr unser Leben durch das Verb »sein« bestimmt wird. In diesem Verb liegt die Vergangenheit, die Gegenwart und die Zukunft. Jegliche religiöse Konditionierung, alle Vorstellungen von Himmel und Hölle, alle Glaubenssysteme, alle Erlösungserwartungen und alle Exzesse beruhen auf diesem Verb »sein«. Kann ein Mensch ohne dieses Verb leben? Erst das bedeutet zu leben, nämlich ohne Vergangenheit und ohne Zukunft zu leben. »Sein« bedeutet nicht, »in der Gegenwart leben«, denn Sie wissen nicht, was es heißt, in der Gegenwart zu leben. Um vollkommen in der Gegenwart leben zu können, müssen Sie das Wesen, die Beschaffenheit der Vergangenheit kennen. Diese Vergangenheit sind Sie selbst. Und Sie müssen sich selbst so vollständig kennen, daß es keinen verborgenen Winkel mehr gibt. »Sie selbst« sind die Vergangenheit, und dieses Selbst bezieht seine Energie aus den Worten »sein«, »werden«, »erreichen«, »erinnern«. Finden Sie heraus, was es bedeutet, auf der psychischen Ebene, innerlich ohne diese Zeitwörter zu leben.

Was bedeutet der Tod? Weshalb haben wir alle solch furchtbare Angst davor? Überall in Asien glauben die Menschen an Reinkarnation; darin liegt für sie eine große Hoffnung. Ich weiß nicht weshalb. Immer wieder wird darüber geredet und geschrieben. Wenn Sie sich anschauen, was reinkarnieren wird – was ist es? Die ganze Vergangenheit, Ihr ganzes Leid, Ihre ganze Verwirrung, alles, was Sie jetzt sind? Und Sie glauben, daß dieses »Ich« (hier gebrauchen Sie das Wort »Seele«) etwas Dauerhaftes sei. Gibt es im Leben überhaupt irgend etwas Dauerhaftes? Sie möchten gerne etwas Bleibendes haben, und so schieben Sie den Tod weit von sich fort, ziehen ihn nie in Betracht, weil Sie Angst haben. Dann haben Sie »Zeit« – Zeit, zwischen dem, was ist, und dem, was unweigerlich geschehen wird.

Entweder projizieren Sie Ihr Leben in die Zukunft und machen weiter wie bisher, in der Hoffnung, daß irgendeine Erlösung, irgendeine Wiedergeburt stattfinden wird, oder Sie sterben jeden Tag – lassen jeden Tag Ihr Selbst sterben, Ihr Elend, Ihr Leid. Sie werfen diese Last jeden Tag aufs neue ab, so daß Ihr Geist frisch, jung und unschuldig ist. Das Wort »unschuldig« bedeutet, »unfähig, verletzt zu werden«. Einen Geist zu haben, der nicht verletzbar ist, heißt aber nicht, daß man einen starken Widerstand errichtet hat – im Gegenteil. Ein solcher Geist hat alles Bekannte, alles, was Konflikte, Vergnügen oder Schmerz hervorrief, hinter sich gelassen. Nur dann ist der Geist unschuldig und dies bedeutet, er ist fähig zu lieben. Sie können nicht aus der Erinnerung heraus lieben, Liebe hat nichts mit Erinnerung, mit Zeit zu tun. Liebe, Tod und Leben sind also nichts Getrenntes, sondern ein Ganzes, und das ist heil. Doch wo Haß ist, wo Zorn und Eifersucht

sind, wo Abhängigkeit existiert, die Angst hervorruft, kann nichts heil sein. Wo die Dinge heil sind, wird das Leben heilig; wir erfahren große Freude und können tun, was wir wollen, denn was wir dann tun, ist gut, ist wahr.
Wir kennen diesen Zustand nicht – wir kennen nur unser Elend – und weil wir ihn nicht kennen, versuchen wir zu flüchten. Würden wir doch nicht fliehen, könnten wir doch wirklich hinschauen, ohne uns nur einen Deut von dem, »was ist« zu entfernen, indem wir es benennen, verurteilen oder richten. Könnten wir es doch einfach beobachten. Wirkliches Beobachten erfordert Sorgfalt, Fürsorge, und Fürsorge bedeutet Mitgefühl. Ein so wunderbar und ganzheitlich geführtes Leben führt uns zu etwas hin, über das wir morgen sprechen wollen: zur Meditation. Ohne ein solches Fundament ist Meditation Selbsthypnose. Dieses Fundament können Sie jedoch nur legen, wenn Sie dieses wunderbare Leben verstanden haben, so daß Ihr Bewußtsein frei von Konflikten ist und Sie ein Leben voller Mitgefühl und Schönheit, das heißt, ein geordnetes Leben führen. Mit Ordnung ist hier nicht das Befolgen bestimmter Vorschriften und Regeln gemeint, sondern jene Ordnung, die sich einstellt, wenn man versteht, was Unordnung ist. Das ist der Zustand Ihres Lebens. Ihr Leben ist in Unordnung. Unordnung ist Widersprüchlichkeit, der Konflikt zwischen Gegensätzen. Wenn Sie diese Unordnung verstehen, die in Ihnen selbst herrscht, dann geht daraus Ordnung hervor – eine präzise, mathematische Ordnung, frei von jeglicher Verzerrung. Doch das setzt ein meditatives Bewußtsein voraus, einen Geist, der fähig ist, in Stille zu beobachten.

In einem Ihrer Bücher sagen Sie, es sei das Leichteste von der Welt, Wunder zu tun. Würden Sie bitte erklären, welche Art von Wunder Sie meinten?

Ich wünschte, Sie würden nicht aus einem Buch zitieren – auch nicht aus einem des Sprechers. (*Gelächter*) Ich meine das ganz im Ernst. Bitte zitieren Sie niemanden. Nach den Ideen oder Vorstellungen anderer Leute zu leben, ist das Schlimmste, was man tun kann. Und Ideen sind nicht die Wahrheit. »In einem der Bücher heißt es, es sei das Leichteste der Welt, Wunder zu tun.« – Ist es nicht so? Ist es nicht ein Wunder, daß Sie dort sitzen und ich hier und daß wir miteinander sprechen? Denn wenn Sie frei von jeglicher Anstrengung lauschen, werden Sie wissen, was es bedeutet, ein vollständiges, ganzheitliches Leben zu führen. Wenn Sie auf diese Weise leben, ist bereits ein Wunder, das größte Wunder von allen, geschehen.

Ich war siebenundzwanzig Jahre lang im Ausland und bin vor etwa drei Monaten zurückgekehrt. Und ich stelle fest, daß sich hier ungeheure Ängste aufgebaut haben. Nach meinen Beobachtungen und denen meiner Freunde bin ich überzeugt, daß die Mafia im Begriff ist, die Gesellschaft zu kontrollieren, und daß sich gleichzeitig ein totaler Polizeistaat entwickelt. Können Sie uns als Individuen helfen, können Sie uns Wege aufzeigen, gegen solche Zustände anzukämpfen? Ich bin mir darüber im klaren, daß es ein schwerer Kampf sein wird, und ich weiß auch, daß wir, wenn wir kämpfen, im Gefängnis landen können. Was kann jeder einzelne tun, um diese schrecklichen Kräfte zu bekämpfen?

Ich möchte Ihrer Frage nicht ausweichen, aber: Können Sie als Individuum friedlich sein? Sind Sie überhaupt ein Individuum? Sie haben vielleicht ein Bankkonto, vielleicht haben Sie ein eigenes Haus, eine eigene Familie und so weiter, aber sind Sie ein Individuum? »Individuum« bedeutet: in sich selbst unteilbar, nicht zersplittert. Doch wir sind innerlich zersplittert, zerrissen, also sind wir keine Individuen. Die Gesellschaft ist das, was wir sind. Wir haben diese Gesellschaft geschaffen. Wie kann also ein innerlich zerrissener Mensch überhaupt irgend etwas anderes tun als zu versuchen, jenen Zustand zu erreichen, in dem er vollständig und ganz ist? Daraus wird eine völlig andere Art des Handelns entspringen. Doch solange wir aus unserer Zerrissenheit heraus handeln, verursachen wir zwangsläufig immer mehr Chaos in der Welt. Ich bin sicher, daß diese Antwort niemanden zufriedenstellt, doch Sie wollten einen Schlüssel, und der Schlüssel liegt in Ihnen selbst. Diesen Schlüssel müssen Sie schmieden.

Aber die Zeit drängt, und ich glaube, ich bin nicht in der Lage herauszufinden, wie ich das anstellen soll.

»Die Zeit drängt.« – Können Sie sich, in diesem Augenblick verändern? Nicht allmählich oder in der Zukunft. Können Sie ein »ganzheitliches« Leben, in dem Liebe herrscht, – können Sie all das, worüber wir heute morgen gesprochen haben, in diesem Augenblick wahrnehmen? Der Sprecher behauptet, daß das das einzige ist, worauf es ankommt: die unmittelbare, vollständige, radikale Veränderung. Um sich zu verändern, müssen Sie aus ganzem Herzen, mit Ihrem ganzen Geist beobachten; Sie dürfen sich nicht in irgend etwas flüchten, weder in Nationalismus, noch in Ihre Glaubenssysteme. Schieben Sie all das mit einem Atemzug beiseite, und werden Sie vollständig achtsam. Dann geschieht eine radikale Wandlung – sofort –, und diese unmittelbare Transformation läßt Sie völlig anders handeln.

Ist Liebe auf ein Objekt bezogen? Kann man in seinem Leben nur einen Menschen lieben?

Haben Sie diese Frage gehört? Können Sie gleichzeitig einen und viele Menschen lieben? Was für eine seltsame Frage. Wenn Sie lieben, lieben Sie den einen und viele. Aber wir lieben nicht. Ob viele den Duft einer Blume wahrnehmen können oder nur einer – die Blume schert sich nicht darum, sie ist einfach da. Und das ist die Schönheit der Liebe: Sie kann sich an einen oder an viele verströmen. Das ist nur möglich, wenn Mitgefühl da ist, wenn wir frei sind von Eifersucht, von Ehrgeiz, von der Sucht nach Erfolg, und das bedeutet die Verneinung von all dem, was der Mensch in sich selbst oder um sich herum gestaltet hat. Die Verneinung bringt das Positive hervor.

Santa Monica, Kalifornien *7. März 1970*

Religion

Religion ist etwas, das man unmöglich in Worte fassen kann;
das Denken kann es nicht ermessen …

Wir sagten, daß wir heute abend über Religion und Meditation sprechen werden. Das ist wirklich ein sehr komplexes Thema, das viel Geduld und sehr vorsichtiges Vorgehen erfordert. Wir dürfen hier niemals von Vermutungen ausgehen, niemals etwas als gegeben akzeptieren oder etwas glauben. Der Mensch hat von jeher etwas gesucht, das über das tägliche Leben mit seinem Schmerz, seinen Freuden und Leiden hinausführt. Schon immer war er auf der Suche nach etwas Dauerhaftem. Und auf seiner Suche nach diesem Unbenennbaren errichtete er Tempel, Kirchen und Moscheen. Es geschahen ungeheuerliche Dinge im Namen der Religion. Es gab Religionskriege, Menschen wurden gefoltert, verbrannt, zerstört, denn der Glaube war wichtiger als die Wahrheit, das Dogma stärker als die eigene, direkte Wahrnehmung. Wenn ein Glaubenssystem allesentscheidend wird, sind Menschen bereit, alles dafür zu opfern; ob dieser Glaube eine reale Grundlage hat oder völlig wirklichkeitsfremd ist, spielt keine Rolle, solange er Trost, Sicherheit und ein Gefühl von Unvergänglichkeit vermittelt.

Es ist sehr leicht, das zu finden, was man sucht, doch man muß eine Grundlage haben, eine Vorstellung vom Gesuchten, bevor man sich auf die Suche begibt. Die Suche beinhaltet verschiedene Aspekte; es geht nicht nur um den Wunsch und die Hoffnung, was wir entdecken, möge die Wahrheit sein, sondern auch um das hinter dieser Suche stehende Motiv. Wenn die Flucht vor den eigenen Ängsten oder die Sehnsucht nach Trost und Sicherheit die Motive für die Suche sind, werden Sie unweigerlich etwas finden, das Sie zufriedenstellen wird. Es kann das absurdeste Glaubenssystem sein, doch wie lächerlich die Illusion auch sein mag, solange sie Sie befriedigt und tröstet, werden Sie an ihr festhalten. Es lauern also große Gefahren auf jene, die etwas zu finden suchen.

Solange Angst in irgendeiner offenen oder verborgenen Form besteht, wird die Suche zur Vermeidung, zur Flucht vor den Tatsachen. Und wenn Sie auf Ihrer Suche etwas entdecken, beruht diese Entdeckung auf einem Erkennen – Sie müssen es wiedererkennen, sonst ist es für Sie wertlos. Doch dieses Erkennen geschieht, wenn Sie genau hinschauen, aufgrund Ihrer gespeicherten Erinnerungen. Sie erkennen etwas, das Sie bereits gekannt haben, andernfalls könnten Sie es nicht wiedererkennen. All das gehört zu dieser unaufhörlichen Suche nach dem, was man als die Wahrheit betrachtet. Doch etwas, das für den Geist unermeßlich ist, lässt sich nicht wiedererkennen.

Religion, im allgemein akzeptierten Sinn dieses Worts, ist heute eine Propaganda-Angelegenheit, bei der es um althergebrachte Interessen, um Eigentum, um Hierarchien geht. Es ist ein bürokratisches System der »Spiritualität«. Religion wurde zu etwas, das mit Dogma, Glauben und Ritual zu tun hat, das absolut keinen Bezug mehr zum täglichen Leben hat. Sie mögen an Gott glauben oder nicht, doch dieser Glaube hat sehr wenig Bedeutung in Ihrem Alltag, wo Sie betrügen, wo Sie zerstören, wo Sie ehrgeizig, gierig, eifersüchtig und gewalttätig sind. Sie haben einen Glauben an Gott, an einen Erlöser oder irgendeinen Guru, aber Sie halten ihn auf große Distanz, so daß er Sie nicht wirklich in Ihrem Alltag berühren kann.

Religion in ihrer heutigen Form ist ein ganz eigenartiges Phänomen geworden, das absolut keinen Wert besitzt. Die Christen wurden in den vergangenen zweitausend Jahren darauf konditioniert zu glauben. Bitte beobachten Sie das in sich selbst, kritisieren Sie nicht, urteilen Sie nicht, beobachten Sie einfach. Man hört es vielleicht nicht gerne, aber wenn man ein Christ ist, muß man der Tatsache ins Auge sehen, daß man genauso kon-

ditioniert ist wie ein Kommunist oder ein Atheist. Der Gläubige wie der Ungläubige sind durch die Kultur ihrer Zeit, durch ihre Gesellschaft, durch einen ungeheuren Beeinflussungsprozeß konditioniert. Das gleiche geschah jahrtausendelang in Asien.
Die ganzen äußeren Strukturen, die psychischen Inhalte, die starken Glaubenssätze, für die man bereit ist zu zerstören und sich zerstören zu lassen, beruhen auf spitzfindigen, rechthaberischen Meinungen darüber, wie die Wahrheit zu finden sei, doch eine »wahre Meinung«, wie schlau, wie schlüssig sie auch sein mag, hat nichts mit der Wirklichkeit zu tun: sie bleibt einfach eine Meinung. Alle Religionen der Welt sind heute äusserst sinnlos. Wir möchten spirituell unterhalten werden, und so gehen wir in die Kirche oder den Tempel oder die Moschee, und das hat nicht das geringste mit unserem täglichem Leid, unserer Verwirrung und unserem Haß zu tun. Ein wahrhaft ernsthafter Mensch, der wirklich herausfinden will, ob es noch etwas anderes gibt als dieses schreckliche Phänomen, genannt Existenz, muß völlig frei von Dogmen, völlig frei von Glaubenssätzen und von Propaganda sein. Er muß die gesamte Struktur, innerhalb der er erzogen wurde, um ein »religiöser Mensch« zu sein, vollständig hinter sich lassen.
Indem Sie verneinen »was ist«, was in den sogenannten Religionen gilt, kommen Sie zum Positiven. Falls wir es können, werden wir herausfinden, was der Mensch wirklich gesucht hat – nicht durch irgendeinen Glauben, noch durch einen Erlöser oder einen Guru, noch durch den Sprecher. Wir werden für uns selbst herausfinden, ob es etwas jenseits der Projektionen unserer Hoffnungen und unserer Ängste gibt, etwas, das kein schlauer Verstand erfunden hat und das auch nicht unserer so stark empfundenen Einsamkeit entspringt.
Um das herauszufinden, muß man völlig frei von Glaubensinhalten sein, denn Glaube ist eine Geisteshaltung, bei der in etwas investiert wird, das uns ein wenig Hoffnung, Trost, Sicherheit und ein Gefühl von Dauerhaftigkeit verschaffen soll. Um so frei zu sein, daß man wirklich forschen kann, muß man frei von

Angst, frei von Spannungen sein und den Wunsch nach psychischer Sicherheit aufgeben. Das sind naheliegende Voraussetzungen für eine ernsthafte Person, die ernstlich etwas herausfinden will.

Nur ein klarer Geist, ein unverzerrtes Bewußtsein, das frei von Vorurteilen oder Schlußfolgerungen, von vorgefaßten Meinungen oder Glaubenssystemen ist, kann uns als brauchbares Instrument auf dieser Forschungsreise dienen. Beobachten Sie, wie außerordentlich schwierig es ist, seinen Geist von Konflikten freizuhalten, denn das erfordert ein Bewußtsein, das Konflikte durchschaut und sich davon befreit hat.

Der Geist – und dieser umfaßt nicht nur den Verstand, sondern auch das Herz, das gesamte psychosomatische Wesen des Menschen – muß hochsensibel werden, denn Sensibilität bedeutet Intelligenz. Wir wollen etwas näher darauf eingehen, weil dies das Fundament der Meditation ist. Wenn Sie nicht das Fundament einer inneren Ordnung legen, dann wird Meditation – eines der außergewöhnlichsten Phänomene unseres Lebens -zur bloßen Flucht, die zu Selbsttäuschung und Selbsthypnose führt. Ein unbewußter Mensch kann die Tricks lernen, kann sogenannte Meditation praktizieren, aber er wird dennoch unbewußt und dumpf bleiben.

Die meisten von uns haben sehr wenig Energie; wir vergeuden sie in unseren Konflikten, unseren Kämpfen, wir vergeuden sie auf die verschiedensten Arten – nicht nur in der Sexualität. Einen großen Teil davon verschwenden wir auch durch unsere Widersprüchlichkeit und innere Zerrissenheit, die wiederum zu Konflikten führt. Konflikte sind mit Sicherheit eine große Energieverschwendung: Die »Spannkraft« sinkt. Und wir benötigen nicht nur physische Energie, sondern auch psychische Energie, ein vollkommen klares, logisches, gesundes, unverzerrtes Bewußtsein und ein Herz, das frei von Emotionalität und Sentimentalität ist und vor Liebe und Mitgefühl überfließt. Dies verleiht einem Menschen große Intensität, große Leidenschaft. Und die brauchen Sie, sonst können Sie sich nicht auf diese

Reise, genannt Meditation, begeben. Sie können im Lotussitz sitzen, atmen, phantastische Dinge tun, aber Sie werden nie erfahren, was Meditation ist.

Der Körper muß außerordentlich sensitiv werden, und das ist sehr schwierig, weil wir die Intelligenz unseres Körpers durch Trinken, durch Rauchen, durch alle möglichen Schwelgereien und Vergnügungen zerstört haben; wir haben den Körper unempfindlich, grobschlächtig werden lassen. Betrachten Sie sich den Körper, der außerordentlich lebendig und sensitiv sein sollte, und Sie werden sehen, worauf wir ihn reduziert haben! Der Körper beeinflußt den Geist, und der Geist wirkt auf den Körper, und aus diesem Grunde ist es ganz wichtig, daß der Körper, der gesamte Organismus sensibel ist. Diese Sensibilität wird nicht durch Fasten oder alle möglichen Tricks erreicht, sondern dadurch, daß der Geist den Körper sehr ruhig beobachtet. (Ich hoffe, Sie tun das jetzt, während der Sprecher das Problem untersucht, nicht morgen oder übermorgen, denn wir wollen, wie wir bereits sagten, gemeinsam auf diese Entdeckungsreise gehen).

Das Beobachten dessen, »was ist«, führt zum Verstehen dieser Tatsache. Verstehen geschieht durch die Beobachtung dessen, »was ist«, und wenn wir dies im täglichen Leben üben, werden wir unsere Erfahrungen verstehen. Die meisten von uns wünschen sich großartige Erfahrungen, weil unser eigenes Leben so begrenzt, so unsagbar dumpf ist. Wir wünschen uns tiefe, schöne, andauernde Erfahrungen. Doch wir haben noch nicht einmal verstanden, was das Wort »Erfahrung« bedeutet, und der Verstand, der nach Erfahrungen verlangt, ist unfähig zu verstehen, was Wahrheit ist. Wir müssen unser alltägliches Leben transformieren, wir müssen diesem Haß, dieser Gewalttätigkeit in uns selbst, der Angst, den Schuldgefühlen, dem Erfolgsstreben, dem Verlangen, jemand zu sein, ein Ende setzen. Ohne diese radikale Veränderung bleibt die Suche nach »Erfahrungen« völlig bedeutungslos.

Der menschliche Geist, der versucht, durch Drogen die Wahrheit zu finden oder außergewöhnliche Erfahrungen zu machen, oder sich durch sie einfach Unterhaltung verspricht, wird zu ihrem Sklaven. Der Geist wird schließlich abgestumpft und träge.

Wir wollen gemeinsam herausfinden, was religiöses Bewußtsein ist – nicht, was Religion ist. Wir wollen erforschen, wie ein Bewußtsein beschaffen ist, das fähig ist, die Wahrheit zu finden. Die ursprüngliche Bedeutung des Wortes »Religion« ist ziemlich ungewiß, wir können ihm jede Bedeutung geben, die wir wollen, und das tun wir im allgemeinen auch. Doch wenn wir keine vorgefaßte Meinung darüber haben, was Religion ist, sind wir frei, die Qualität religiösen Bewußtseins zu erforschen. Diese Bewußtseinsqualität ist nicht von unserem täglichen Leben mit seinen Schmerzen, Vergnügungen, Leiden und Verwirrungen getrennt.

Um dies untersuchen zu können, müssen Sie frei von Autoritäten sein. Sie sind auf sich gestellt, wenn Sie etwas herausfinden wollen; es gibt keine Bücher, es gibt niemanden, der Ihnen helfen kann. Bitte machen Sie sich bewußt, wie wichtig das ist, denn wir haben unsere Zuversicht, unser Vertrauen in andere gesetzt: die Priester, die Erlöser, die Lehrer und so weiter. Und indem wir anderen unser Vertrauen schenkten, haben wir zu ihnen aufgeschaut, damit sie uns führen, doch sie haben uns nirgendwohin geführt.

Bei dieser Untersuchung gibt es keine Autoritäten, Sie forschen wie ein echter Wissenschaftler, ohne nach einem bestimmten Ergebnis zu suchen. Und wenn es überhaupt keine Autoritäten gibt, dann gibt es auch keine Systeme, keine Praktiken. Ein System, eine Methode impliziert eine Routine, das Entwickeln einer Gewohnheit. Wenn Sie eine bestimmte Methode täglich praktizieren, wird Ihr Geist unweigerlich abgestumpft. Das ist so klar und offensichtlich. Systeme, Methoden, Praktiken müssen also vollkommen verschwinden. Beobachten Sie, was mit einem Bewußtsein geschieht, das frei von Angst ist, das nicht auf Vergnügen oder Unterhaltung aus ist, einem Bewußtsein, das nicht von Autoritäten abhängt, sondern wirklich forscht. Ein Bewußtsein, das von nichts und niemandem abhängig ist, ist frei von Angst und kann deshalb wirklich forschen. Ein solcher Geist ist außerordentlich scharfsinnig, lebendig, intensiv, ernsthaft geworden. (Wenn wir das Wort »Geist« oder »Bewußtsein« gebrauchen, meinen wir das Ganze, einschließlich des Herzens, des gesamten Organismus.) Diese Bewußtseinsqualität ist von großer Schönheit. Ohne eine Methode zu praktizieren, ist der Geist klar, forscht, beobachtet und lernt durch Beobachten. Lernen ist nicht vom Handeln getrennt. Lernen heißt handeln. Wenn Sie etwas über Nationalismus lernen, über die Gefahren, die in der Trennung von Menschen liegen, wenn Sie das beobachten und verstehen, dann setzt dieses Verstehen den trennenden Handlungen ein Ende. Beobachtung ist daher erstaunlich wichtig.

Sie alle wissen wahrscheinlich, was Yoga ist. Es wurden so viele Bücher darüber geschrieben, und jeder Hinz und Kunz, der ein paar Monate in Indien verbracht und einige Unterrichtsstunden genommen hat, wird zum »Yogi«. Das Wort »Yoga« hat viele verschiedene Bedeutungen; es steht für eine Lebensweise, nicht das bloße Praktizieren einiger Übungen, die jung erhalten sollen. Es steht für eine Lebensweise, bei der keine Trennung und daher kein Konflikt existiert – so sieht es der Sprecher. Natürlich ist es gut, regelmäßig die richtigen Körperübungen zu praktizieren, denn es hält den Körper geschmeidig. Der Sprecher hat das selbst jahrelang getan, aber nicht, um durch Atemübungen und all das einen außergewöhnlichen Bewußtseinszustand zu erreichen, sondern einfach, um den Körper geschmeidig zu halten. Sie müssen die richtigen Übungen machen, die richtige Nahrung zu sich nehmen; Sie sollten sich nicht mit soviel Fleisch vollstopfen, denn das führt zu Rohheit und Empfindungslosigkeit. Jeder muß die ihm gemäße Ernährung für sich selbst herausfinden; man muß damit experimentieren, ihre Wirkung testen.

Viele von Ihnen sind auf den Trick mit dem Mantra-Yoga hereingefallen. Für fünf oder dreißig Dollar hat man Ihnen ein Mantra gegeben, spezielle Worte, normalerweise in Sanskrit, die Sie wiederholen sollen. Die Katholiken haben einen Rosenkranz und wiederholen das Ave Maria oder was auch immer. Wissen

Sie, was geschieht, wenn Sie eine Folge von Worten ständig wiederholen? Sie hypnotisieren sich selbst in einen Zustand der Ruhe hinein. Oder Sie lassen sich vom Klang des Wortes tragen. Wenn Sie ein bestimmtes Wort ständig wiederholen, wird ein Klang in Ihrem Innern erzeugt, und dieser innere Klang setzt sich fort – wenn Sie ihm lauschen. Er wird außerordentlich lebendig, und Sie meinen, das sei etwas überaus Wunderbares. Weit davon entfernt, etwas Wunderbares zu sein, ist es einfach eine Form von Selbsthypnose. Auch sie muß völlig verworfen werden.

Dann gelangen wir zu etwas ganz anderem: zu Bewußtheit und Achtsamkeit. Ich weiß nicht, ob Sie sich damit schon einmal beschäftigt haben – nicht, indem Sie Bücher lasen oder sich in einer Schule in Asien, in irgendeinem Kloster beibringen ließen, wie man achtsam wird –, doch falls es so ist, werden Sie selbst feststellen, was es bedeutet, nicht von einem anderen belehrt zu werden. Sie müssen aus sich selbst heraus lernen, was Achtsamkeit bedeutet: sich des Saales, in dem Sie sitzen, bewußt zu sein, seine Proportionen und Farben bewußt wahrzunehmen, ohne sie häßlich oder schön zu nennen, einfach nur zu beobachten. Wenn Sie draußen spazierengehen, nehmen Sie alles, was um Sie herum geschieht, bewußt wahr; beobachten Sie die Wolken, die Bäume, das Licht auf dem Wasser, den Vogel im Fluge. Seien Sie achtsam, und lassen Sie nicht zu, daß Gedanken wie »das ist richtig«, »das ist falsch«, »das sollte sein« oder »das sollte nicht sein« Ihre Wahrnehmung stören. Nehmen Sie die äußeren Geschehnisse, und dann auch die inneren Prozesse bewußt wahr: Beobachten Sie jeden Gedanken, jedes Gefühl, jede Reaktion; dadurch wird der Geist außerordentlich lebendig.

Es besteht ein Unterschied zwischen Konzentration und Achtsamkeit. Konzentration ist ein Prozeß des Ausschließens, ein Prozeß des Widerstandes und daher schon Konflikt. Haben Sie je Ihr Bewußtsein beobachtet, wenn Sie versuchten, sich auf etwas zu konzentrieren? Es schweift ab, und Sie versuchen, es wieder auf das Objekt zu richten; es ist ein unaufhörlicher Kampf. Sie möchten Ihre Aufmerksamkeit bündeln, sich auf etwas konzentrieren, und Ihr Denken drängt Sie aus dem Fenster zu schauen, oder richtet sich auf etwas anderes. Dieser Konflikt ist reine Energie- und Zeitverschwendung.

Man fragt sich, weshalb der Verstand ständig plappert, ständig mit sich selbst oder jemand anderem sprechen muß oder unaufhörlich durch Bücherlesen oder Radiohören oder andere Aktivitäten beschäftigt sein möchte. Warum? Vielleicht haben Sie beobachtet, daß Ruhelosigkeit Ihre Gewohnheit ist, Ihr Körper kann nie längere Zeit stillhalten, ständig muß er etwas tun, oder er verfällt in nervöse Unruhe. Das gleiche gilt für den Geist, was würde sonst mit ihm geschehen? Er hat Angst, deshalb muß er beschäftigt sein. Er muß sich mit sozialen Reformen, mit diesem oder jenem, mit irgendeinem Glauben, mit einem Streit, mit irgend etwas beschäftigen, das in der Vergangenheit geschah. Er denkt ständig.

Wie wir bereits sagten: Achtsamkeit ist etwas völlig anderes als Konzentration. Bewußtheit und Achtsamkeit gehören zusammen, doch sie haben nichts mit Konzentration zu tun. Ein intensiver, achtsamer Geist kann sehr klar beobachten, ohne jegliche Verzerrung, ohne jeglichen Widerstand, und doch gleichzeitig effizient und objektiv funktionieren. Wie ist ein solches Bewußtsein beschaffen? (Ich hoffe, Sie sind an diesen Dingen interessiert, denn sie sind Teil unseres Lebens. Wenn Sie all das ablehnen, lehnen Sie das ganze Leben ab. Wenn Sie die Bedeutung und Schönheit der Meditation nicht kennen, wissen Sie nichts vom wirklichen Leben. Vielleicht besitzen Sie das neueste Auto, können es sich leisten, die ganze Welt zu bereisen, doch wenn Sie die wahre Schönheit, die Freiheit und die Freude der Meditation nicht kennen, entgeht Ihnen ein ganz wesentlicher Teil des Lebens. Das soll Sie nicht auf den Gedanken bringen: »Ich muß lernen zu meditieren«. Es ist ein natürliches Phänomen, das sich auf natürliche Weise einstellt. Ein forschender Geist gelangt unweigerlich dorthin; ein achtsamer Mensch, der das, »was ist«, in seinem Innern beobachtet, versteht sich selbst, kennt sich selbst.)

Wir fragen uns: Welche Eigenschaft besitzt ein Geist, der auf natürliche Weise, ohne jegliche Anstrengung so weit gekommen ist? Wenn Sie einen Baum oder eine Wolke beobachten, das Gesicht Ihrer Frau oder Ihres Mannes oder Ihres Nachbarn betrachten, können Sie diese nur aus einer inneren Stille heraus ganz klar sehen. Sie können nur hören, wenn kein selbsterzeugter Lärm in Ihnen ist. Wenn Ihr Verstand vor sich hin plappert, wenn er das, was gesagt wird, mit dem vergleicht, was Sie bereits wissen, dann hören Sie nicht zu. Wenn sich beim Betrachten alle möglichen Vorurteile und Kenntnisse zwischen Ihre Augen und das Betrachtete schieben, dann beobachten Sie nicht wirklich. Wirklich beobachten und hören können Sie nur aus einer inneren Stille heraus.

Ich weiß nicht, ob Sie je so weit gegangen sind. Es ist nichts, das man kultivieren oder im Laufe der Jahre lernen kann, denn es entsteht nicht durch zeitlichen Aufwand oder Nachahmung. In diesen Bewußtseinszustand gelangt man durch das Beobachten im täglichen Leben, durch das Beobachten der eigenen Gedanken und das Verstehen des Denkens. Wenn der Geist vollkommen bewußt ist, wird er ungeheuer ruhig, still, doch er schläft nicht, sondern ist höchst wach in dieser Stille. Nur ein solcher Geist ist fähig, die Wahrheit zu erkennen, fähig zu erkennen, ob es etwas Höheres gibt oder nicht. Nur ein solcher Geist ist religiös, denn er hat die Vergangenheit vollkommen hinter sich gelassen – obwohl ihm die Erinnerung an die Vergangenheit zur Verfügung steht. Religion ist also etwas, das sich nicht in Worte fassen lässt, das durch Denken nicht erfasst werden kann, denn das Denken mißt unaufhörlich, ist es doch, wie wir bereits sagten, eine Reaktion der Vergangenheit. Das Denken ist niemals frei, es funktioniert stets nur im Bereich des Bekannten.

Um also die Wahrheit, die Wirklichkeit – falls es so etwas wie Wirklichkeit gibt – erkennen zu können, muß der Geist völlig frei von allen menschlichen Winkelzügen, Täuschungen und Illusionen sein. Und das erfordert eine Menge Arbeit. Es erfordert eine innere Disziplin, eine Disziplin, die nicht auf Imitation,

Konformität oder Anpassung beruht. Disziplin entsteht, wenn der Geist beobachtet »was ist« und daraus lernt. Dieses Lernen über sich selbst bringt seine eigene Disziplin hervor. Daraus entsteht Ordnung, die innere Unordnung beendet. All dies – alles, was in diesen Gesprächen bis jetzt gesagt wurde – ist Teil der Meditation.
Nur wenn Sie fähig sind, mit neuen Augen, mit einem unschuldigen Bewußtsein, das nie verletzt wurde, nie eine Träne weinte, eine Wolke oder die Schönheit des Lichtes auf dem Meer zu sehen, nur wenn Sie auf diese Weise Ihre Frau oder Ihren Freund oder Ihre Freundin betrachten können, kann Ihr Geist die Wahrheit erkennen.

Vor einiger Zeit machte ich selbst die Erfahrung, daß es stimmt, was Sie sagen – daß der Schlüssel zur Freiheit in der Erfahrung liegt, daß der Beobachter und das Beobachtete ein und dasselbe sind. Ich mußte eine sehr mühsame und langweilige Aufgabe bewältigen und hatte große Widerstände dagegen aufgebaut. Ich erkannte, daß ich selbst dieser Widerstand war und daß also nur der Widerstand den Widerstand betrachtete. Und plötzlich war der ganze Widerstand verschwunden, es war wie ein Wunder, und ich hatte sogar körperlich genügend Energie, um meine Arbeit zu beenden.

Versuchen Sie, mich zu bestätigen, wollen Sie mir oder den Zuhörern auf die Schulter klopfen? (*Gelächter*)

Es muß beträchtliche Energie aufgebracht werden, um an den Punkt zu gelangen, an dem man erkennen kann, daß der Beobachter und das Beobachtete eins sind.

Der Herr sagt, daß der Beobachter das Beobachtete ist, das heißt: Wenn Angst vorhanden ist, ist der Beobachter Teil dieser Angst. Er identifiziert sich nicht mit dieser Angst, er ist tatsächlich Teil der Angst selbst. Es ist ziemlich einfach, das zu erkennen. Entweder erkennen Sie es theoretisch, intellektuell, indem Sie die

Bedeutung der Worte verstehen, oder Sie sehen tatsächlich, daß der Beobachter und das Beobachtete ein und dasselbe sind. Wenn Sie das wirklich sehen, verändert sich Ihr Leben drastisch: Der innere Zwiespalt ist beendet. Wo eine Trennung, eine Kluft zwischen dem Beobachter und dem Beobachteten herrscht, tritt ein Zeitraum und daher ein Zwiespalt auf. Wenn Sie tatsächlich sehen können (und durch Beobachten überprüfen), daß der Beobachter und das Beobachtete in Wirklichkeit ein und dasselbe sind, beenden Sie jeden Konflikt im Leben, in allen Beziehungen.

Was können wir tun, wenn wir erkennen, daß die Vergangenheit sich in Form unserer Erinnerungen zwischen eine tiefere Wahrnehmung und die Außenwelt schiebt? Wir können das nicht verhindern – es läuft einfach ab.

Die Erinnerungen schieben sich zwischen das Äußere und das Innere. Da ist das Innere, dort das Äußere und der Gedächtnisspeicher als etwas davon Getrenntes, als die Vergangenheit. Wir haben hier also drei Phänomene: das Innere, das Äußere und die Vergangenheit in Form von Erinnerungen. Bitte lachen Sie nicht – das ist unser Leben, darauf beruht unser Handeln. Sie können die Frage auch anders formulieren, doch genau das spielt sich in unserem täglichen Leben ab. Sie wollen etwas tun, aber Ihr Verstand sagt: »Tu es nicht.« oder »Mach' es anders.« Und so entsteht ein innerer Kampf. Der Verstand, das Denken, das aus der Vergangenheit stammt, greift störend ein. Das Denken schiebt sich zwischen die aktuelle Realität, das Innere und das Äußere.
Was kann man also tun? Das Denken trennt, das ist seine Funktion; es hat das Leben in Vergangenheit, Gegenwart und Zukunft aufgeteilt. Das Denken trennt auch das Innere vom Äußeren, und es fragt sich: »Wie kann ich die beiden Aspekte verbinden und als Ganzheit funktionieren?« Kann das Denken das überhaupt, da es doch selbst die Ursache der Trennung ist?

Wo ein Wille ist, ist ein Weg.

Nein, mein Herr, Sie setzen Ihren Willen durch in der Welt. Ihr Wille dient dazu, andere zu zerstören, und Sie haben es geschafft, Sie haben Ihren Weg gemacht. Uns geht es hier nicht um den Willen, der Wille ist äußerst zerstörerisch, denn er entspringt dem Vergnügen, dem Verlangen und nicht der unbeschwerten Freude.

Sie fragen, wie man das Denken zur Ruhe bringen kann. Wie es still werden kann? Ist das die richtige Frage? Denn wenn Sie die falsche Frage stellen, werden Sie unweigerlich die falsche Antwort bekommen. (*Gelächter*) Nein, das ist nicht zum Lachen. Sie müssen die richtige Frage stellen. Lautet die richtige Frage: »Wie kann Denken zum Stillstand kommen?« Oder muß man herausfinden, welche Funktion das Denken hat? Wenn Sie Ihre Gedanken zum Stillstand bringen – falls das überhaupt möglich ist –, was werden Sie tun, wenn Sie ins Büro gehen müssen? Das Denken ist ganz offensichtlich notwendig. Wir sagen, daß das Denken in einer bestimmten Richtung gefährlich ist, weil es trennt, und doch muß das Denken in einer anderen Richtung logisch, vernünftig, objektiv und gesund funktionieren. Wie ist das möglich? Wann mischt Denken sich nicht störend ein? Erkennen Sie das Problem? Es geht nicht darum, »wie das Denken zum Stillstand zu bringen ist«. Wenn Sie die Frage sehr klar stellen, werden Sie es selbst sehen. Das Denken, das eine Reaktion der Vergangenheit ist, mischt sich ein, trennt das Innere vom Äußeren und zerstört die Einheit. Also sagen wir: »Wir müssen das Denken zerstören, wir müssen den Verstand abtöten.« Das ist vollkommen falsch. Doch wenn Sie die gesamte Struktur des Denkens erforschten, wenn Sie sehen würden, wo es am Platz ist und wo nicht, dann würden Sie feststellen, daß der menschliche Geist sowohl ohne Denken, als auch während des notwendigen Denkens auf intelligente Weise tätig ist.

Wieso nehmen Sie das, »was ist«, bewußter wahr als ich? Was ist Ihr Geheimnis?

Darüber habe ich wirklich nie nachgedacht. Schauen Sie: Ist Demut etwas, das man einüben kann? Wenn Sie sich in Demut üben, bleibt Ihre Selbstbezogenheit unverändert. Wenn Sie einzuüben versuchen, achtsam wahrzunehmen, »was ist«, dann sind Sie nicht achtsam. Doch wenn Sie wirklich achtsam sind, während Sie im Bus sitzen, Auto fahren, sich umschauen, reden oder sich vergnügen, dann entspringt daraus auf natürliche, einfache Weise die Wahrnehmung dessen, »was ist«. Doch wenn Sie zu üben versuchen, große Aufmerksamkeit auf das zu richten, »was ist«, dann arbeitet lediglich Ihr Denken, es besteht aber keine Achtsamkeit.

Sagten Sie nicht: Wenn wir frei sein wollten, sollten wir keine Lehrer haben? Habe ich das richtig verstanden?

Was ist die Aufgabe eines Lehrers? Wenn er sich in einem Fach wie Medizin, in den Naturwissenschaften oder in der Computertechnik auskennt, besteht seine Aufgabe darin, sein Wissen und die Informationen, die er hat, an andere weiterzugeben. Das ist ziemlich einfach. Aber wenn wir von jenen Lehrern sprechen, die sich für Wissende halten und Jünger um sich scharen, sollten Sie mißtrauisch sein, denn ein Mensch, der behauptet, wissend zu sein, weiß nichts. Die Wahrheit, die Schönheit der Erleuchtung, wie immer Sie es auch nennen wollen, kann niemals beschrieben werden – sie ist. Sie ist lebendig, in Bewegung, aktiv und ohne Schwere. Nur von etwas Totem können wir sagen, was es ist, und ein Lehrer, der Sie etwas über tote Dinge lehrt, ist kein Lehrer.

Wie können wir Konzentration, Disziplin und Achtsamkeit zusammenbringen?

Das Wort Disziplin bedeutet: von jemand lernen. Der Schüler ist jemand, der vom Lehrer lernt. Haben Sie sich jemals eingehender mit der Frage beschäftigt, was Lernen überhaupt ist? Was drückt das aktive Präsens des Verbums »lernen« aus? Sie lernen entweder, um dem, was Sie bereits wissen, noch etwas hinzuzufügen, dann erwerben Sie beispielsweise wissenschaftliche Kenntnisse. Oder es findet ein Lernen statt, das nicht eine Anhäufung von Wissen, sondern eine Bewegung ist. Können Sie den Unterschied zwischen beidem erkennen? Ich lerne entweder, um mir Kenntnisse anzueignen, um im technischen Sinne oder in anderer Hinsicht effizient zu sein, oder ich lerne fortwährend etwas, das stets neu ist, und deshalb ist das Lernen stets neu. Bitte hören Sie genau zu: Ich möchte wissen, ich möchte etwas über mich selbst lernen. Ich bin ein sehr komplexes Wesen, mit verborgenen und offensichtlichen Anteilen. Ich möchte mich in meiner Ganzheit kennenlernen. Also beobachte ich mich, und ich stelle fest, daß ich Angst habe. Ich sehe die Ursache dieser Angst; durch Beobachten habe ich gelernt und habe dieses Wissen nun gespeichert. Doch wenn das nächste Mal Angst aufkommt und ich sie durch die Brille meines gespeicherten Wissens sehe, dann habe ich aufgehört zu lernen. Ich betrachte sie nur durch die Brille der Vergangenheit und lerne nichts über das, was gegenwärtig geschieht. Um etwas über mich selbst lernen zu können, muß ich innerlich frei sein, so daß ich unablässig beobachten kann, ohne daß die Vergangenheit sich störend einmischt – ohne daß das Denken sich einmischt.

»Lernen« hat also zweierlei Bedeutung: Lernen zum Erwerb von Kenntnissen, mit denen sich in bestimmten Bereichen höchst effizient operieren lässt, oder Lernen über sich selbst, so daß die Vergangenheit in Form des Denkens nicht ständig störend eingreift. Auf diese Weise kann ich beobachten, und mein Geist bleibt stets empfänglich.

Ich möchte Sie gerne fragen, ob Sie Fleisch oder Fisch essen.

Interessiert Sie das wirklich? Ich habe in meinem ganzen Leben nie Fleisch oder Fisch angerührt, ich habe es noch nie gekostet; ich habe auch nie geraucht oder getrunken. Es hat keinen Reiz für mich, es bedeutet mir nichts. Werden Sie jetzt ebenfalls zum Vegetarier? (*Gelächter*) Bestimmt nicht! Wissen Sie, Helden und Vorbilder sind das Schlimmste, was Ihnen begegnen kann. Finden Sie heraus, weshalb Sie Fleisch essen, weshalb Sie sich dem Rauchen und Trinken hingeben, weshalb Sie nicht ein einfaches Leben führen können, was nicht heißt, mit der Kleidung am Körper oder einer Mahlzeit am Tag auskommen können. »Einfach« ist vielmehr die Qualität eines Geistes ohne alle Verzerrungen durch Vergnügungen und Wünsche, Bestrebungen und Motive, – so daß Sie direkt schauen und die Schönheit der Welt wahrnehmen können.

Ich möchte Sie einfach fragen, was Humor ist.

Wir tragen so viele Tränen, soviel Schmerz in unserem Herzen. Ich glaube, Humor haben bedeutet, über sich selbst lachen, sich mit Gelächter anschauen, sich ernstlich und mit klarem Blick aber mit Gelächter beobachten, soweit uns das möglich ist.

Santa Monica, Kalifornien *8. März 1970*

Angst

Kann man ohne psychisches Zentrum dieses Phänomen, genannt Angst, beim Aufsteigen beobachten, ohne es zu benennen? Das erfordert unerhörte Disziplin.

Man muß ernsthaft sein, denn nur jene, denen es ganz und gar ernst damit ist, können ein ganzheitliches, heiles Leben führen. Und diese Ernsthaftigkeit schließt keineswegs Freude oder irgendwelche Freuden aus, doch solange Angst in uns sitzt, können wir gar nicht wissen, was wahre Freude ist. Angst scheint eine der weitest verbreiteten Erscheinungen im Leben zu sein. Sonderbarerweise haben wir sie als eine Lebensform akzeptiert, so wie wir verschiedene Arten von Gewalt als Lebensform akzeptiert haben; wir haben uns an die psychische Angst gewöhnt.
Ich meine, wir sollten das Phänomen Angst grundlegend erforschen, sollten es vollkommen verstehen, so daß wir damit abgeschlossen haben, wenn wir diesen Ort verlassen. Das ist möglich; es ist nicht nur eine Theorie oder eine Hoffnung. Wenn man wirklich seine ganze Aufmerksamkeit auf dieses Problem der Angst richtet, darauf richtet, sich ihr zu nähern und sie anzuschauen, dann wird man feststellen, daß der Geist – der Geist, der soviel gelitten, soviel Schmerz ertragen und in Kummer und Angst gelebt hat – vollständig frei davon ist. Um in diese Zusammenhänge eindringen zu können, müssen wir frei von Vorurteilen sein, die uns daran hindern, die Wahrheit dessen, »was ist«, zu verstehen. Wenn wir uns gemeinsam auf diese Reise machen, müssen wir Zustimmung oder Ablehnung beiseite lassen; wir dürfen uns weder sagen, es sei absolut unmöglich, frei von Angst zu sein, noch sagen, es sei möglich. Dieses Phänomen zu erforschen, erfordert einen freien Geist; ein Geist, der keine

Schlüsse zieht, ist frei zu beobachten, zu forschen. Es gibt soviele psychische und psychosomatische Ängste, und es würde ungeheuer viel Zeit kosten, jede dieser verschiedenen Formen der Angst, jeden Aspekt zu erforschen. Doch man kann die wesentliche Eigenschaft der Angst beobachten; man kann das Wesen und die Beschaffenheit der Angst betrachten, ohne sich in den Einzelheiten einer bestimmten Form der eigenen Angst zu verlieren. Wenn man das Wesen und die Beschaffenheit von Angst als solcher verstanden hat, kann man mit diesem Verständnis an eine bestimmte Angst herangehen.

Man kann Angst vor der Dunkelheit haben, vor der eigenen Ehefrau oder dem Ehemann, vor dem, was die Leute sagen, denken oder tun; man kann Angst haben vor Einsamkeit oder vor der Leere des Lebens, dem eintönigen, sinnlosen Dasein, das man führt. Man kann Angst vor der Zukunft, vor der Ungewissheit und Unsicherheit des nächsten Tags oder vor einem Atomkrieg haben. Man kann auch Angst vor dem Tod, dem Ende des eigenen Lebens haben. Es gibt soviele Ängste, neurotische ebenso wie gesunde, vernünftige – falls Angst überhaupt vernünftig oder gesund sein kann. Die meisten von uns haben eine neurotische Angst vor der Vergangenheit, vor der Gegenwart und vor der Zukunft, was bedeutet, daß die Angst mit der Zeit verknüpft ist.

Es gibt nicht nur die bewußten, uns bekannten Ängste, sondern auch jene, die tief in unserem Unbewußten verborgen sind. Wie soll man nun den bewußten und den verborgenen Ängsten begegnen? Sicherlich liegt Angst in der Bewegung weg von dem, »was ist«. Angst ist die Flucht, das Fliehen und Vermeiden dessen, was tatsächlich »ist«. Und gerade diese Flucht bringt Angst hervor. Angst kommt auch bei jeglicher Art von Vergleich auf: wenn wir das, was wir sind, mit dem vergleichen, was wir unserer Meinung nach sein sollten. Die Angst kommt also aus dieser Bewegung weg von der Wirklichkeit und nicht aus dem Objekt, von dem wir uns entfernen.

Keines der mit Angst verbundenen Probleme kann durch den

Willen gelöst werden, indem man sich sagt: »Ich werde keine Angst haben«. Ein solcher Willensakt ist sinnlos.

Wir beschäftigen uns hier mit einem sehr ernsten Problem, dem wir unsere ungeteilte Aufmerksamkeit widmen müssen. Man kann nicht wirklich aufmerksam sein, wenn man das Gesagte interpretiert oder übersetzt oder mit dem vergleicht, was man bereits weiß. Man muß lauschen – das ist eine Kunst, die man lernen muß, denn normalerweise ist man ständig damit beschäftigt zu vergleichen, zu werten, zu urteilen, zuzustimmen oder abzulehnen, und man hört überhaupt nicht zu. Man hindert sich tatsächlich selbst daran zuzuhören. Dieses totale Zuhören erfordert unsere gesamte Aufmerksamkeit; es geht nicht darum, zuzustimmen oder zu verwerfen. Wenn wir gemeinsam forschen, haben Zustimmung oder Ablehnung keinen Platz. Doch möglicherweise hat das »Mikroskop«, durch das wir schauen, keine klare Linse. Wenn man in ein Präzisionsinstrument schaut, sieht man das gleiche wie jeder andere, deshalb taucht die Frage von Zustimmung oder Ablehnung überhaupt nicht auf. Wenn wir dieses gesamte Phänomen »Angst« untersuchen möchten, müssen wir uns ihm mit totaler Aufmerksamkeit nähern, doch solange die Angst nicht aufgelöst wurde, lähmt sie den Geist, macht ihn unempfänglich und stumpf.

Wodurch treten die verborgenen Ängste ins Bewußtsein? Die bewußten Ängste kennen wir (wie man ihnen begegnet, werden wir gleich besprechen), doch es gibt verborgene Ängste, die vielleicht noch viel schwerer wiegen. Wie geht man mit diesen um, wie kann man sie sich bewußt machen? Ist das durch Analyse möglich, indem man nach ihrem Ursprung sucht? Kann die Analyse den menschlichen Geist von Angst befreien? Nicht nur von einer bestimmten neurotischen Angst, sondern von der mentalen Struktur aller Angst? Bei der Analyse kommt nicht nur die Zeit, sondern auch der Analysierende ins Spiel. Sie dauert viele, viele Tage, Jahre, ja, sie kann das ganze Leben dauern, und am Ende haben Sie vielleicht ein wenig verstanden, doch nun stehen Sie bereits am Rande des Grabes. Wer ist der Analysierende? Auch wenn er ein Profi, ein Experte mit Diplom ist, wird er viel Zeit brauchen; er ist ebenfalls das Produkt einer vielfältigen Konditionierung. Wenn man sich selbst analysiert, ist der eigene innere Zensor der Analysierende, und er analysiert nun die Angst, die er selbst kreiert hat. Auf jeden Fall kostet Analysieren Zeit, und im Verlauf des analytischen Prozesses treten viele andere Faktoren auf, die der Analyse eine ganz andere Richtung geben. Sie müssen erkennen, daß Analyse nicht der richtige Weg ist, weil der Analysierende ein Teilstück unter vielen anderen Teilen ist, die zusammen das »Ich«, das Ego ausmachen; er ist das Produkt der Zeit, er ist konditioniert. Wenn Sie erkannt haben, daß Analyse mit Zeit verknüpft ist und Sie nicht von Angst befreien kann, haben Sie damit auch die ganze Vorstellung eines allmählich fortschreitenden Wandels hinter sich gelassen. Sie haben erkannt, daß gerade der Faktor der Veränderung eine der Hauptursachen von Angst ist.

(Für mich, den Sprecher, ist das eine höchst wichtige Angelegenheit, daher engagiert er sich und spricht so eindringlich, aber er betreibt keine Propaganda, es gibt nichts, dem Sie sich anschließen sollen, nichts, das Sie glauben sollen, sondern beobachten und lernen Sie einfach und befreien Sie sich so von dieser Angst.)

Analyse kann also nicht der Weg sein. Wenn Sie diese Wahrheit erkannt haben, denken Sie auch nicht mehr wie ein Analysierender, der analysiert, urteilt und wertet, und Ihr Geist ist frei von dieser Bürde, genannt Analyse. Er ist nun fähig, unmittelbar zu schauen.

Wie aber sollen Sie diese Angst anschauen, wie all ihre verborgenen Anteile, ihre ganze Struktur ans Licht bringen? Durch Träume? Träume sind die Fortsetzung der Aktivitäten unserer wachen Stunden in den Schlaf hinein – nicht wahr? Sie können in Ihren Träumen beobachten, daß stets etwas geschieht, immer findet die eine oder andere Handlung statt, wie in den Stunden des Wachseins. Es ist eine Fortsetzung, die immer noch Teil der gesamten Bewegung ist. Daher sind Träume wertlos. Sie sehen, was geschieht: Wir eliminieren hier die Dinge, an die Sie gewöhnt sind, Analyse, Träume, Wille, Zeit. Wenn Sie all dies ausschalten, wird der Geist außerordentlich empfänglich, sensitiv – nicht nur sensitiv, sondern intelligent. Mit dieser Empfänglichkeit und Intelligenz wollen wir nun Angst betrachten (wenn Sie sich wirklich darauf einlassen, kehren Sie der gesamten Gesellschaftsstruktur, in der Zeit, Analyse und Wille eine Rolle spielen, den Rücken.) Was ist Angst? Wie entsteht sie? Angst ist immer auf etwas bezogen, sie existiert nicht als etwas Eigenständiges. Da gibt es die Angst vor dem, was gestern geschah, im Hinblick auf die Möglichkeit, daß es sich morgen wiederholen könnte; es existiert immer ein Fixpunkt der Verknüpfung. Wie kommt die Angst ins Spiel? Gestern hatte ich Schmerzen, ich erinnere mich daran, und ich möchte diese Schmerzen morgen nicht wieder haben. Das »Nachdenken« über die Schmerzen von gestern, das Nachdenken, das die Erinnerung an die Schmerzen von gestern beinhaltet, projiziert die Angst vor den möglicherweise morgen auftretenden Schmerzen. Es ist also das Denken, das Angst mit sich bringt. Das Denken gebiert Angst, ebenso wie es Vergnügen hervorbringt. Um die Angst zu verstehen, müssen wir auch das Vergnügen verstehen – sie sind miteinander verknüpft. Ohne das eine zu verstehen, können wir auch das andere nicht verstehen, das heißt, man kann nicht sagen: »Ich will nur Vergnügen haben, aber keine Angst«. Angst ist die andere Seite der Medaille, die Vergnügen genannt wird.

Wenn das Denken mit den Bildern der gestrigen Lust beschäftigt ist, stellen die Gedanken sich vor, daß sie dieses Vergnügen morgen vielleicht nicht haben werden, also kreieren die Gedanken Angst. Das Denken versucht, den Zustand der Lust aufrechtzuerhalten und nährt dadurch die Angst.

Das Denken hat sich aufgespalten in den Analysierenden und das zu analysierende Phänomen, doch sie sind beide Teile des Denkens, das sich selbst zum Narren hält. So kann es vermeiden, die unbewußten Ängste zu erforschen, es bringt die Zeit ins Spiel, um der Angst zu entkommen, und doch erhält es die Angst gleichzeitig aufrecht.

Das Denken nährt das Vergnügen, das absolut nichts mit Freude zu tun hat. Freude ist nicht das Produkt des Denkens, sie hat nichts mit Vergnügen zu tun. Vergnügen können Sie kultivieren, Sie können unablässig darüber nachdenken, doch mit der Freude ist das nicht möglich. In dem Moment, in dem Sie über die Freude nachdenken, ist sie auch schon verschwunden; sie ist zu etwas geworden, aus dem Sie Vergnügen ziehen, und daher zu etwas, das Sie zu verlieren fürchten.

Das Denken bringt Einsamkeit hervor, die es aber gleichzeitig verurteilt, und so erfinden wir Möglichkeiten, dieser Einsamkeit durch verschiedene Formen religiöser oder kultureller Unterhaltung, durch die unablässige Suche nach tieferen und weitreichenden Abhängigkeiten zu entfliehen.

Das Denken ist verantwortlich für alle diese Fakten. Sie sind täglich zu beobachten, keine Erfindung, keine eigenartige Philosophie oder Theorie des Sprechers. Was kann man also tun? Man kann das Denken nicht abtöten, nicht zerstören, man kann nicht sagen: »Ich lasse das Denken sein.« Man kann ihm keinen Widerstand leisten, denn wenn man das tut, ist das wieder nur Folge einer anderen Form des Denkens.

Das Denken ist die Reaktion des Gedächtnisses, und dieses Gedächtnis ist notwendig, damit wir im täglichen Leben funktionieren können, damit wir sprechen können, ins Büro gehen und wieder nach Hause zurückkehren können. Das Gedächtnis ist der Speicher unseres technischen Wissens. Wir brauchen das Gedächtnis also, und doch sehen wir, wie es durch Gedanken Angst aufrecht erhält. Wir brauchen das Gedächtnis mit aller Reinheit und Klarheit des Denkens in bestimmter Hinsicht, – um technisches Wissen abzurufen, um täglich zu funktionieren, um unseren Lebensunterhalt zu verdienen und so weiter – und doch stehen wir vor der Tatsache, daß es auch Angst erzeugt. Was soll der Verstand also tun? Wie werden Sie diese Frage beantworten, nachdem Sie die verschiedene Faktoren wie Analyse, Zeit, Flucht und Abhängigkeit untersuchten und erkannt haben, wie das Sichentfernen von dem, »was ist«, Angst macht? Wie

beantworten Sie also diese Frage, nachdem Sie das alles selbst beobachtet haben und sich nicht eine Meinung oder ein beiläufiges Urteil darüber gebildet, sondern es als wahr erkannt haben? Wie kann das Denken effektiv und vernünftig funktionieren, ohne zu einer Gefahr zu werden, ohne Angst zu erzeugen?
In welchem Zustand befindet sich der Geist, der durch all dies hindurchgegangen ist? Welches Verständnis hat der Geist gewonnen, der all diese verschiedenen Faktoren untersucht hat, die wir ans Licht geholt, erklärt oder beobachtet haben? Welche Qualität hat Ihr Bewußtsein jetzt? Denn von dieser Qualität hängt Ihre Antwort ab. Wenn Sie diese Reise wirklich Schritt für Schritt mitgemacht und sich in alles vertieft haben, was hier besprochen wurde, dann ist Ihr Geist, wie Sie sehen werden, außerordentlich intelligent, lebendig und empfänglich geworden, denn er hat den ganzen alten Ballast, den er angesammelt hatte, abgeworfen. Wie sehen Sie nun den gesamten Vorgang des Denkens? Denken Sie weiterhin von einem Zentrum aus, jenem Zentrum, das als Zensor fungiert, der urteilt, wertet, verdammt, rechtfertigt? Kommt Ihr Denken noch immer aus diesem Zentrum, oder existiert überhaupt kein Zentrum mehr, aus dem heraus Sie denken, obwohl Denken weiterhin stattfindet? Können Sie den Unterschied sehen?
Der Verstand hat ein Zentrum geschaffen: Das »Ich«. Ich, meine Meinung, mein Land, mein Gott, meine Erfahrung, mein Haus, meine Möbel, meine Frau, meine Kinder – immer nur »mein«, »mein«, »mein«. Aus diesem Zentrum heraus handeln wir, und dieses Zentrum trennt. Dieses Zentrum und diese Spaltung sind ganz offensichtlich die Ursache von Konflikten. Wenn Ihre Meinung gegen die eines anderen steht, mein Land gegen Ihr Land, dann sind das Trennungslinien, die vom Denken geschaffen werden. Sie beobachten die Welt von diesem Zentrum aus und bleiben in Ihre Angst verstrickt, denn dieses Zentrum hat sich von dem abgetrennt, was es als Angst bezeichnet: Es sagt sich: »Ich muß die Angst loswerden«, oder »ich muß sie anaysieren, ich muß sie überwinden, ihr widerstehen« und so weiter. Dadurch geben Sie der Angst neue Nahrung.

Kann das Bewußtsein die Angst betrachten, ohne sich auf ein Zentrum zu beziehen? Können Sie diese Angst anschauen, ohne sie zu benennen? In dem Moment, in dem Sie sie »Angst« nennen, ist sie schon zur Vergangenheit geworden. In dem Augenblick, in dem Sie etwas benennen, spalten sie es ab. Können Sie also ohne dieses Zentrum beobachten, können Sie das Phänomen Angst, wenn es auftritt, unbenannt lassen? Das erfordert ganz erhebliche Disziplin. Dann schaut der Geist ohne das Zentrum, an das er gewöhnt war. Und das bedeutet das Ende der Angst, sowohl der verborgenen, als auch der offensichtlichen.
Falls Sie diese Tatsache heute abend nicht als wahr erkannt haben, dann machen Sie kein Problem daraus, das Sie später zuhause lösen. Wahrheit muß unmittelbar erkannt werden, und um etwas klar sehen zu können, müssen Sie sich mit ganzem Herzen, mit Ihrem gesamten Wesen unmittelbar hingeben.

Wollen Sie damit sagen, statt zu versuchen vor der Angst zu fliehen – was ja bedeutet, sich vor der Angst zu fürchten –, sollten wir sie akzeptieren?

Nein. Akzeptieren Sie gar nichts. Akzeptieren Sie die Angst nicht, sondern schauen Sie sie an. Sie haben sie niemals angeschaut, nicht wahr? Sie haben niemals gesagt: »Gut, ich habe Angst, aber ich will sie mir anschauen.« Statt dessen sagen Sie: »Ich habe Angst, ich will jetzt Radio hören« – oder Sie gehen in die Kirche oder nehmen ein Buch zur Hand, oder Sie flüchten sich in Ihren Glauben – wählen irgendeine Ausflucht. Da Sie sich die Angst nie angeschaut haben, konnten Sie auch nie direkt mit ihr kommunizieren. Sie haben sich der Angst nie gestellt, ohne sie zu benennen, ohne wegzulaufen, ohne zu versuchen, sie zu überwinden. Bleiben Sie einfach bei der Angst, ohne sich von ihr zu entfernen, und wenn Sie das tun, werden Sie feststellen, daß etwas sehr Seltsames geschieht.

Kann man zur Angst werden, wenn man sich ihr stellt?

Sie sind Angst, wie können Sie dazu werden? Sie sind Angst – nur Ihr Denken hat sich von der Angst abgetrennt, weil es nicht weiß, wie es mit ihr umgehen soll, weil es ihr widersteht. Indem es sich von der Angst abtrennt, wird es zum »Beobachter« dieser Angst, der ihr Widerstand entgegensetzt oder vor ihr flieht. Doch der »Beobachter«, also was Widerstand leistet, ist ebenfalls Angst.

Viele von uns sind frustriert, weil es nicht erlaubt ist, die Vorträge für den privaten Gebrauch auf Tonband aufzunehmen. Können Sie uns bitte sagen, warum nicht?

Das will ich Ihnen sagen – es ist sehr einfach. Zunächst einmal ist es sehr störend für Ihren Nachbarn, wenn Sie diesen Vortrag auf Tonband aufnehmen – Sie hantieren am Gerät herum und so weiter. Was aber noch viel wichtiger ist: Geht es darum, direkt, in diesem Augenblick zu hören, was gesagt wird, oder eine Aufnahme nach Hause mitzunehmen und sie dort in Muße abzuhören? Wenn der Sprecher sagt: »Lassen Sie nicht Zeit dazwischenkommen.« Dann sagen Sie im Gegensatz dazu: »Ich werde Ihre Rede auf Tonband aufnehmen und mit nach Hause nehmen.« Die Angst existiert in diesem Augenblick, Sie tragen sie in Ihrem Herzen, in Ihrem Geist – jetzt.

Wenn das so ist, warum verkauft die Foundation dann Tonbänder?

Ist es nicht am wichtigsten, daß Sie unmittelbar, während Sie hier sind, hören, was gesagt wird? Sie haben sich die Mühe gemacht hierherzukommen, und der Sprecher ebenso. Wir versuchen doch hier, miteinander zu kommunizieren, wir versuchen jetzt etwas zu verstehen, nicht morgen. Und das unmittelbare Verstehen ist von größter Bedeutung, deshalb müssen Sie mit ganzem Herzen dabei sein. Sie können nicht mit ganzem Herzen dabei sein, wenn Sie Notizen machen, oder ein Teil Ihrer Aufmerksamkeit bei Ihrem Tonbandgerät ist.
Vielleicht verstehen Sie nicht alles, was hier gesagt wird, sofort

und Sie möchten es ein weiteres mal hören. Dann kaufen Sie eine Kassette oder auch nicht, kaufen ein Buch oder auch nicht – das ist alles. Wenn Sie alles, was heute abend in einer Stunde und zehn Minuten gesagt wurde, vollkommen in sich aufnehmen können, es völlig mit Herz und Verstand absorbieren können, dann ist es abgeschlossen. Unglücklicherweise haben Sie das nicht getan, Sie haben sich nie zuvor wirklich mit diesen Dingen auseinandergesetzt. Sie haben die Angst akzeptiert, Sie haben mit der Angst gelebt, und Ihre Angst ist für Sie zu einer Gewohnheit geworden. All das will der Sprecher mit seinen Worten zerschlagen. Und er sagt: »Tun Sie es jetzt, nicht morgen«. Unser Geist ist nicht gewohnt, das Wesen der Angst in seiner Totalität mit allem zu betrachten, was dazu gehört. Doch wenn Sie es unmittelbar sehen könnten, würden Sie diesen Saal mit einem ekstatischen Geist verlassen. Doch die meisten von uns sind dazu nicht in der Lage und deshalb die Kassetten.

Was kann man tun, wenn man die Angst beobachtet und merkt, daß man sich von ihr entfernt?

Das Wichtigste ist, daß Sie der Fluchtbewegung keinen Widerstand entgegensetzen. Um die Angst beobachten zu können, müssen Sie achtsam sein, und während Sie achtsam sind, verdammen Sie nichts, urteilen Sie nicht, werten Sie nicht, sondern beobachten sie einfach. Falls Sie sich entfernen, dann weil Ihre Aufmerksamkeit abgeschweift ist. Sie sind nicht aufmerksam – es besteht Unaufmerksamkeit. Seien Sie unaufmerksam, aber seien Sie sich der Unaufmerksamkeit bewußt. Dieses bewußte Wahrnehmen Ihrer Unaufmerksamkeit ist Aufmerksamkeit. Seien Sie sich Ihrer Unaufmerksamkeit einfach bewußt, nehmen Sie sie wahr. Tun Sie nichts dagegen, nehmen Sie einfach nur bewußt wahr, daß Sie unaufmerksam sind. Dieses bewußte Wahrnehmen ist dann Aufmerksamkeit. Es ist so einfach; wenn Sie das erst einmal erkannt haben, gibt es für Sie keine Konflikte mehr: Sie nehmen wahr ohne zu wählen. Wenn Sie sagen: »Ich war aufmerksam, aber jetzt bin ich es nicht mehr und muß wieder aufmerksam werden.«, dann wählen Sie. Achtsamkeit bedeutet absichtslos achtsam sein.

Sie sagen, daß Angst und Vergnügen miteinander verknüpft sind. Kann man die Angst loswerden, um das Vergnügen vollkommen genießen zu können?

Das wäre schön, nicht wahr? Man beseitigt alle Ängste, damit man sein Vergnügen ganz und gar genießen kann. Das wünschen sich alle Menschen ohne Ausnahme, die einen auf grobere, die anderen auf subtilere Weise: der Angst zu entrinnen und das Vergnügen festzuhalten. Das Vergnügen – zum Beispiel das Rauchen: Es ist ein Genuß, und doch ist er mit Schmerz verbunden, weil Sie davon krank werden können. Sie haben als Mann oder Frau sexuelles oder auch sonstiges Vergnügen, Trost und so weiter erlebt, doch wenn Ihr Partner sich abwendet, werden Sie eifersüchtig, zornig, frustriert und fühlen sich verletzt.
Vergnügen bringt unweigerlich Schmerz mit sich. Was nicht heißt, daß man kein Vergnügen haben soll. Doch wenn man den ganzen Zusammenhang erkennt, dann weiß man, daß Freude, wirkliche, echte Freude in ihrer Schönheit und Freiheit nicht das geringste mit Vergnügen und daher auch nicht mit Schmerz oder Angst zu tun hat. Wenn Sie diese Wahrheit erkennen, werden Sie verstehen, was Vergnügen ist und ihm den richtigen Platz zuweisen.

San Diego State College *6. April 1970*

Gewalt

Solange das »Ich« noch in irgendeiner gröberen oder subtileren Form existiert, wird es Gewalt geben.

Worüber sollen wir heute morgen diskutieren? »Diskutieren« ist nicht das richtige Wort, es soll eher ein Dialog sein. Meinungen bringen uns nicht weiter, und sich in intellektuellen Spitzfindigkeiten zu verlieren, hat sehr wenig Sinn, weil Wahrheit nicht durch den Austausch von Meinungen oder Vorstellungen gefunden wird. Wenn wir also gemeinsam irgendein Problem betrachten, so muß das auf einer anderen Ebene als der intellektuellen, emotionalen oder sentimentalen geschehen.

Ich glaube, daß der Kampf gegen den Kommunismus eine gewisse Berechtigung hat, und ich möchte gerne mit Ihnen herausfinden, ob ich recht habe oder nicht. Sie müssen wissen, daß ich zehn Jahre unter dem Kommunismus gelebt habe; ich war in einem russischen Konzentrationslager und in einem kommunistischen Gefängnis. Sie verstehen dort nur eine Sprache: die Sprache der Macht. Meine Frage lautet also: Ist dieser Kampf Selbstverteidigung oder nicht?

Ich glaube, daß jede Gruppe, die einen Krieg beginnt, behauptet, sie verteidige sich lediglich. Es hat schon immer Kriege gegeben – sowohl offensive, als auch defensive, doch viele dieser Kriege, die im Laufe der Jahrhunderte stattfanden, waren nichts als ein seltsames, monströses Spiel. Und leider nennen wir uns gebildet und kultiviert und richten dennoch die bestialischsten Gemetzel an. Können wir uns also mit der Frage auseinandersetzen, woher diese tiefsitzende Gewaltbereitschaft, diese Aggressivität im Menschen kommt? Können wir untersuchen, ob es überhaupt möglich ist, frei davon zu sein?

Es gab Menschen, die sagten, man solle unter garkeinen Umständen Gewalt anwenden. Das bedeutet, inmitten von sehr aggressiven, gewalttätigen Menschen ein friedliches Leben zu führen; es bedeutet, inmitten einer grausamen, brutalen, gewalttätigen Umgebung eine Insel zu sein. Doch wie befreit sich der Geist von seiner Gewalt, der anerzogenen Gewalt, der zur eigenen Sicherung ausgeübten Gewalt, der Gewalt der Aggression, der Gewalt des Wettstreits, der Gewalt des Ehrgeizes, und jener Gewalt, die in dem Willen liegt, sich musterhaft zu disziplinieren, aus sich jemand zu machen, sich selbst zu unterdrücken und zu etwas zu zwingen, sich Gewalt anzutun, um gewaltlos zu werden? Wie kann sich der Geist von all diesen Formen der Gewalt befreien?

Es gibt soviele Arten von Gewalt. Sollen wir jede einzelne untersuchen, oder sollen wir die aller Gewalt gemeinsame Struktur anschauen? Können wir das gesamte Spektrum der Gewalt betrachten und nicht nur einen Teil davon?

Die Quelle der Gewalt ist das »Ich«, das Ego, das Selbst, das sich auf so viele verschiedene Arten ausdrückt, – durch Trennung, durch den Versuch, jemand zu werden oder jemand zu sein, – das die Welt in »Ich« und »Nicht-Ich«, in das Unbewußte und das Bewußte aufspaltet, jenes »Ich«, das sich mit seiner Familie identifiziert oder nicht, sich mit der Gemeinschaft identifiziert oder nicht und so weiter. Es ist wie bei einem Stein, den man ins Wasser wirft: Die Wellen ziehen immer größere Kreise, und im Zentrum befindet sich das »Ich«. Solange dieses »Ich« in irgendeiner Form existiert, und sei sie noch so subtil, wird es auch Gewalttätigkeit geben.

Doch wenn wir nach der eigentlichen Ursache von Gewalt fragen, wenn wir versuchen, ihre Wurzeln zu ergründen, heißt das noch nicht, daß wir uns von ihr befreien.

Ich glaube vielleicht, die eigne Gewaltbereitschaft schon überwunden zu haben, wenn ich weiss, warum ich grausam bin. Ich verbringe also Wochen, Monate, Jahre mit der Suche nach der Ursache, oder lese, was Experten über die verschiedenen Ursachen von Gewalttätigkeit oder Aggression geschrieben haben, doch am Ende bin ich immer noch gewalttätig. Wollen wir also das Problem der Gewalttätigkeit untersuchen, indem wir Ursachen und Wirkungen aufdecken? Oder wollen wir es als Ganzes betrachten? Wir sehen, daß die Ursache zur Wirkung wird und die Wirkung zur Ursache – zwischen beiden besteht kein großer Unterschied, es ist eine Kausalkette, eine Ursache wird zur Wirkung, und die Wirkung wird zur Ursache. Und so geht es endlos weiter. Wenn wir jedoch das Problem der Gewalt als Ganzes erfassen können, werden wir sie so gründlich verstehen, daß sie endet.

Wir haben eine gewalttätige Gesellschaft geschaffen, und auch wir als Individuen sind gewalttätig. Unsere Umwelt, die Kultur, in der wir leben, ist das Produkt unserer Begierden, unseres Kampfes, unseres Schmerzes, unserer entsetzlichen Grausamkeiten. Die wichtigste Frage lautet also: Ist es möglich, diese ungeheure Gewalt im eigenen Innern zu beenden? Das ist die eigentliche Frage.

Ist es möglich, Gewalt zu transformieren?

Gewalt ist eine Energieform; sie ist Energie, die – auf bestimmte Weise gelenkt – zur Aggression wird. Doch im Augenblick wollen wir nicht versuchen, Gewalt zu transformieren oder zu verändern, sondern sie so vollständig zu verstehen, daß wir frei davon sind. Der Geist ist darüber hinausgelangt, und es ist nicht so wichtig, ob er sie transzendiert oder transformiert hat. Ist das möglich? Ist es unmöglich? Es ist möglich – oh, diese Worte! Wie denken wir über Gewalt nach? Wie betrachten wir Gewalt? Bitte hören Sie genau zu: Wie weiß man, daß man gewalttätig ist? Wenn man gewalttätig ist, ist man sich dann der eigenen Gewalttätigkeit bewußt? Wie erkennt man Gewalt? Die Frage des Erkennens ist wirklich komplex. Wenn ich sage: »Ich kenne dich.« – was bedeutet dann dieses »ich kenne«? Ich kenne dich so, wie du gestern oder vor zehn Jahren warst. Doch in diesen zehn Jahren hast du dich verändert, und auch ich habe mich verändert, und deshalb kenne ich dich nicht. Ich kenne dich nur als das, was du in der Vergangenheit warst, deshalb kann ich niemals sagen: »Ich kenne dich.« Bitte versuchen Sie zunächst nur diese einfache Tatsache zu verstehen. Ich kann also nur sagen: »Ich war gewalttätig, aber jetzt weiß ich nicht, was Gewalt ist.« Sie sagten etwas zu mir, das mich irritiert, und ich bin wütend. Eine Sekunde später sagt man: »Ich war wütend.« Im Augenblick der Wut erkennt man sie nicht, sondern erst später. Sie müssen den Vorgang des Wiedererkennens untersuchen. Wenn Sie das nicht verstehen, können Sie der Wut niemals unmittelbar begegnen. Ich bin wütend, aber mir wird das erst einen Moment später bewußt. Das Erkennen liegt in diesem Bewußtwerden, doch es geschieht, nachdem ich wütend gewesen bin – andernfalls erkenne ich es nicht als Wut. Sehen Sie, was geschehen ist: Das Erkennen schiebt sich vor die Wirklichkeit. Ich übertrage stets die aktuelle Gegenwart in die Vergangenheit.

Kann man also die eigene Reaktion neu, ganz frisch betrachten, ohne die Gegenwart in die Vergangenheit zu übertragen? Sie nennen mich einen Dummkopf, und mein ganzes Blut kommt in Wallung, und ich sage: »Sie sind selbst ein Dummkopf.« Was hat sich da in meinem Innern, in meiner Gefühlswelt abgespielt? Ich habe mir ein Bild von mir gemacht und sehe mich als einen attraktiven, edlen, wertvollen Menschen, und Sie beleidigen dieses Bild. Meine Reaktion entspringt diesem Bild, das etwas Vergangenes ist. Die nächste Frage lautet also: Ist eine Reaktion möglich, die nicht aus der Vergangenheit stammt? Kann zwischen dem »Alten« und der aktuellen Situation eine Lücke entstehen? Kann das Alte sich verzögern, damit das Neue stattfinden kann? Ich glaube, darin liegt das ganze Problem.

Wollen Sie damit sagen, daß jegliche Gewalt nur der Trennung zwischen dem, was nicht ist, und dem, was ist, entspringt?

Nein, mein Herr. Beginnen wir noch einmal von vorne. Wir sind gewalttätig. Solange es Menschen gibt, waren sie gewalttätig, und sie sind es auch heute noch. Und ich, ein menschliches Wesen, möchte herausfinden, wie man diese Gewalttätigkeit transzendieren kann, wie man darüber hinausgelangen kann. Was soll ich tun? Ich sehe, was die Gewalttätigkeit in der Welt angerichtet hat, wie sie alle Arten von Beziehungen zerstört und uns tiefes Leid, seelische Qualen gebracht hat – ich sehe das alles. Und ich sage mir, ich möchte ein wirklich friedvolles Leben, ein Leben voller Liebe führen; die Gewalt muß ganz und gar verschwinden. Wie soll ich das anstellen? Zunächst einmal darf ich nicht versuchen vor ihr zu fliehen, soviel ist sicher. Ich darf der Tatsache, daß ich gewalttätig bin, nicht ausweichen, und diese »Flucht« beginnt schon damit, daß ich die Gewalttätigkeit verurteile oder rechtfertige, ja sogar, indem ich sie Gewalttätigkeit nenne – das Benennen ist eine Form von Verurteilung, eine Form der Rechtfertigung.

Ich muß erkennen, daß das Bewußtsein von dieser Tatsache der Gewalttätigkeit nicht abgelenkt werden darf, weder durch die Suche nach den Ursachen, noch durch das Erklären der Ursachen, noch durch die Benennung der Tatsache, daß ich gewalttätig bin, noch durch ihre Rechtfertigung oder Verdammung oder den Versuch, sie loszuwerden. All das lenkt von der Tatsache der Gewalttätigkeit ab. Der Geist muß sich absolut klar darüber sein, daß es kein Entrinnen gibt. Ebenso darf man auch nicht versuchen, den Willen einzusetzen, indem man sagt: »Ich werde sie überwinden« – der Wille ist ja der eigentliche Kern der Gewalt.

Versuchen wir also im Grunde herauszufinden, was Gewalt ist, indem wir nach der in ihr verborgenen Ordnung suchen?

Nein, mein Herr. Wie kann in der Gewalt Ordnung sein? Gewalt ist Unordnung. Man darf in keiner Weise versuchen, ihr zu entfliehen, keine intellektuelle oder erklärende Rechtfertigung suchen, – Sie sehen wie schwierig das ist, denn der Verstand ist so gerissen, so sehr auf Flucht bedacht, weil er nicht weiß, wie er der eigenen Gewalt begegnen soll. Er kann damit nicht umgehen, – oder er glaubt, es nicht zu können – deshalb flüchtet er. Jede Form der Flucht, der Ablenkung, des Sich-Entfernens erhält die Gewalt aufrecht. Wenn man das erkennt, ist der Geist nur noch mit der Tatsache, dem »was ist«, konfrontiert und mit nichts anderem.

Woher wissen Sie, daß es Gewalt ist, wenn Sie sie nicht benennen?

Wenn Sie sie benennen, verknüpfen Sie sie durch den Namen mit der Vergangenheit und betrachten sie auch mit den Augen der Vergangenheit. Das heißt, Sie betrachten sie nicht mit neuen Augen, das ist alles. Verstehen Sie? Sie betrachten die Gewalttätigkeit, Sie rechtfertigen sie durch die Behauptung, sie sei notwendig, um in dieser furchtbaren Gesellschaft leben zu können, indem Sie darauf hinweisen, daß auch in der Natur Gewalt herrsche (»Seht, in der Natur wird auch getötet.«) Sie sind dazu konditioniert, durch die Brille der Verurteilung, der Rechtfertigung oder des Widerstands zu schauen. Sie können die Gewalt nur dann mit neuen Augen betrachten, wenn Ihnen bewußt wird, daß Sie, was Sie sehen, mit den Bildern von bereits Bekanntem identifizieren, und die Gewalt folglich nicht mit neuen Augen betrachten. Also stellt sich die Frage: Wie werden diese Bilder geformt, durch welchen Mechanismus entstehen die Bilder? Meine Frau sagt vielleicht zu mir: »Du bist ein Dummkopf.« Das ärgert mich und hinterläßt in mir einen bleibenden Eindruck. Sie sagt etwas anderes, das ebenfalls einen Eindruck hinterläßt. Diese Eindrücke sind die Bilder des Gedächtnisses. Wenn ich aber in dem Moment, genau in dem Augenblick, in dem sie mich einen Dummkopf nennt, bewußt bleibe, achtsam bin, dann bleibt überhaupt kein Eindruck zurück – vielleicht hat sie ja recht.
Unachtsamkeit bringt also Bilder hervor; Achtsamkeit befreit den Geist vom Bild. Das ist ganz einfach. Das gleiche geschieht, wenn ich zornig werde. Wenn ich in diesem Augenblick vollkommen achtsam bin, dann kann die Vergangenheit, die normalerweise

durch Unachtsamkeit ins Spiel kommt, nicht die unmittelbare Wahrnehmung der Wut stören.

Ist das nicht ein Willensakt?

Wir sagten bereits, daß der Wille seinem Wesen nach gewalttätig ist. Lassen Sie uns untersuchen, was »Wille« ist. Ich will das tun, ich will das nicht, ich werde das tun, ich leiste Widerstand, ich fordere, ich wünsche: all das sind Formen des Widerstands. Wenn Sie sagen: »Ich will das.«, so ist das eine Form des Widerstands, und Widerstand ist Gewalt.

Ich verstehe, was Sie meinen, wenn Sie sagen, daß wir dem Problem ausweichen, wenn wir nach Antworten suchen. Damit entfernen wir uns von dem, »was ist«.

Gut, dann möchte ich wissen, wie man das, »was ist«, anschaut. Wir versuchen also herauszufinden, ob es möglich ist, über die Gewalt hinauszugelangen. Wir sagten bereits: »Flüchte nicht vor ihr, entferne dich nicht von dieser zentralen Tatsache der Gewalt.« Jemand stellte die Frage: »Woher weißt du, daß es Gewalt ist?« Weiß man es nur, weil man erkennen kann, daß es Gewalt gewesen ist? Aber wenn Sie sie anschauen, ohne sie zu benennen, zu rechtfertigen oder zu verdammen (all das entspringt der Konditionierung durch die Vergangenheit), dann betrachten Sie sie mit neuen Augen, nicht wahr? Ist es dann Gewalt? So zu schauen ist ungeheuer schwierig, weil unser ganzes Leben durch die Vergangenheit konditioniert ist. Wissen Sie, was es heißt, in der Gegenwart zu leben?

Sie sagen: »Sei frei von Gewalt.« – doch dazu gehört noch viel mehr. Wie weit geht Freiheit?

Erforschen Sie die Freiheit; was bedeutet sie? Da ist die ganze tiefsitzende Wut, da sind die ganzen Frustrationen und Widerstände. Der Geist muß auch davon frei sein, nicht wahr? Ich frage: Kann der Geist in der Gegenwart frei von aktiver Gewalttätigkeit sein, kann er frei von all dem sein, was er unbewußt an Haß, Wut, Bitterkeit gespeichert hat, was im tiefsten Innern immer da ist? Wie muß man dabei vorgehn?

Wird man, frei von der eigenen Gewalt, nicht deprimiert sein, wenn man dann die Gewalttätigkeit der anderen wahrnimmt? Was kann man tun?

Man kann es einem anderen beibringen – andere zu lehren ist der höchste Beruf der Welt –, nicht für Geld, nicht für ein dickes Bankkonto, sondern nur, um etwas weiterzugeben, um anderen etwas mitzuteilen.

Was ist der einfachste Weg, um …

Was ist der einfachste Weg? … (*Gelächter*) … Ein Zirkus! Mein Herr, Sie lehren einen anderen, und dadurch lernen Sie selbst. Es ist nicht so, daß Sie erst etwas gelernt und gespeichert haben, bevor Sie es dann weitergeben. Sie sind selbst gewalttätig; wenn Sie sich selbst verstehen, helfen Sie einem anderen, sich selbst zu verstehen, daher sind Lehren und Lernen eins. Sie sehen nicht die Schönheit, die darin liegt.
Fahren wir also fort. Möchten Sie nicht aus tiefstem Herzen verstehen, was Liebe ist? Sucht die Menschheit nicht seit Jahrtausenden verzweifelt herauszufinden, wie sie friedlich, voller Liebe und Mitgefühl leben kann? Doch das kann nur Wirklichkeit werden, wenn es Menschen mit der Wahrnehmungsfähigkeit des »Nicht-Ich« gibt, verstehen Sie? Und wir sagen: Sehen Sie hin, um das herauszufinden – ob durch Einsamkeit oder Wut oder Bitterkeit –, sehen Sie hin ohne irgendwelche Ausflüchte. Das Benennen ist bereits Ausflucht; benennen Sie sie also nicht, schauen Sie sie an. Und beobachten Sie dann – ohne sie zu benennen –, ob Bitterkeit existiert.

Sind Sie dafür, daß man sich von jeglicher Gewalt befreit, oder ist etwas Gewalt nicht lebensnotwendig? Ich meine nicht physische Gewalt, sondern die Befreiung von Frustrationen. Kann das nicht hilfreich sein, um sich vor Frustrationen zu bewahren?

Nein, meine Dame. Die Antwort liegt bereits in der Frage: Weshalb sind wir frustriert? Haben Sie sich jemals gefragt, warum Sie frustriert sind? Oder haben Sie sich, um diese Frage zu beantworten, je gefragt: »Was ist Erfüllung«? Weshalb wollen Sie etwas erfüllen? Gibt es so etwas wie Erfüllung überhaupt? Wer oder was strebt nach Erfüllung? Ist es das »Ich«, jenes »Ich«, das so gewalttätig ist, das »Ich«, das trennt, das »Ich«, das sagt: »Ich bin größer als du.«, das seine ehrgeizigen Ziele verfolgt, nach Ruhm und Ehre strebt? Da es etwas erreichen will, ist es frustriert, wenn ihm das nicht gelingt, dann wird es verbittert. Sehen Sie, daß da ein Phänomen wie das »Ich« existiert, das nach Expansion strebt und, wenn es nicht expandieren kann, frustriert und also verbittert wird? Diese Verbitterung, dieses Streben nach Expansion ist Gewalt. Wenn Sie diese Wahrheit erkannt haben, verschwindet das Streben nach Erfüllung völlig und somit auch die Frustration.

Pflanzen und Tiere sind Lebewesen, die gleichermaßen am Leben bleiben möchten. Ist es in Ihren Augen ein Unterschied, ob man Tiere oder Pflanzen tötet, um zu essen? Wenn ja, weshalb?

Um zu überleben, sollte man das am wenigsten sensible Wesen töten, das erreichbar ist. Ich habe in meinem ganzen Leben niemals Fleisch gegessen. Und ich glaube, allmählich teilen auch einige Wissenschaftler diese Anschauung: wenn die Wissenschaft es sagt, werden Sie es alle akzeptieren!

Mir scheint, daß wir alle hier an die Aristotel'sche Denkweise gewöhnt sind, doch Sie kommunizieren nicht auf diese Weise. Es verblüfft mich, wie tief die Kluft ist. Wie können wir wirklich miteinander kommunizieren?

Genau das ist die Schwierigkeit. Sie sind eine bestimmte Ausdrucksweise oder Sprache mit bestimmten Bedeutungsinhalten gewohnt, und der Sprecher teilt diese Perspektive nicht. So ergeben sich Schwierigkeiten in der Kommunikation. Wir haben uns damit bereits auseinandergesetzt: Wir sagten, das Wort ist nicht das Objekt, die Beschreibung ist nicht das Beschriebene, die Erklärung nicht das Erklärte. Sie halten immer noch an Erklärungen und an Worten fest, deshalb gibt es Schwierigkeiten. Wir sehen also, woraus die Gewalt in der Welt besteht – zum Teil aus Angst, zum Teil aus Lust. Die Menschen haben ein ungeheures Verlangen nach Erregung; wir wollen sie, und wir erwarten von der Gesellschaft, dieses Verlangen zu befriedigen. Und dann geben wir der Gesellschaft die Schuld, obgleich die Verantwortung doch bei uns selbst liegt. Und wir fragen uns, ob die furchterregende Energie dieser Gewalttätigkeit auf andere Weise eingesetzt werden kann. Um gewalttätig zu sein, braucht man Energie: Kann diese Energie transformiert oder anders ausgerichtet werden? Indem man dies ganz versteht, diese Wahrheit erkennt, wandelt sich diese Energie völlig.

Wollen Sie damit sagen, daß Gewaltlosigkeit etwas Absolutes ist? Daß Gewalt eine Abweichung von dem ist, was sein könnte?

Ja, wenn Sie es so ausdrücken möchten. Wir sagen, Gewalt ist eine Form von Energie, und Liebe ist ebenfalls eine Form von Energie – Liebe ohne Eifersucht, ohne Angst, ohne Bitterkeit, ohne die ganzen Qualen, die mit der sogenannten Liebe einhergehen. Gewalt ist also Energie und Liebe, die besitzt und bewacht, ist eine andere Form von Energie. Beides zu transzendieren, über beides hinauszugehen bedeutet, daß die gleiche Energie sich in eine völlig neue Richtung, ja Dimension bewegt.

Ist Liebe, die mit Eifersucht einhergeht, wirklich Gewalttätigkeit?

Natürlich.

Man besitzt also diese beiden Energien: Liebe und Aggression.

Es ist die gleiche Energie, mein Herr.

Wann sollten wir außersinnliche Erfahrungen haben?

Was hat das mit Gewalt zu tun? Wann Sie außersinnliche Erfahrungen haben sollten? Nie! Wissen Sie überhaupt, was es bedeutet, außersinnliche Erfahrungen zu haben? Um zu diesen Erfahrungen, diesen außersinnlichen Wahrnehmungen fähig zu sein, müssen Sie außergewöhnlich reif, außergewöhnlich sensitiv und daher außergewöhnlich intelligent sein; und wenn Sie außergewöhnlich intelligent sind, verlangen Sie nicht nach außersinnlichen Erfahrungen. (*Gelächter*)
Bitte nehmen Sie es sich zu Herzen: Die Menschen zerstören sich gegenseitig durch ihre Gewalttätigkeit, der Ehemann richtet die Ehefrau zugrunde, die Ehefrau den Ehemann. Obwohl sie miteinander schlafen, obwohl sie zusammen sind, lebt jeder isoliert mit seinen eigenen Problemen, seinen eigenen Ängsten, und diese Isolation ist Gewalt. Wenn Sie nun all das so klar vor sich sehen – wirklich sehen, nicht darüber nachdenken –, wenn Sie die Gefahr sehen, die darin liegt, dann handeln Sie doch, nicht wahr? Wenn Sie ein gefährliches Tier sehen, handeln Sie; Sie zögern keine Sekunde, Sie argumentieren nicht mit dem Tier, Sie handeln einfach, Sie rennen weg oder tun etwas. Hier argumentieren wir, weil Sie die ungeheure Gefahr der Gewalt nicht sehen. Wenn Sie das Wesen der Gewalt, ihre Gefahr, wirklich mit Ihrem Herzen sehen, dann haben Sie damit abgeschlossen. Aber wie kann jemand Sie auf die Gefahr hinweisen, wenn Sie nicht sehen wollen? Da wird Ihnen weder die Aristotel'sche noch die nicht-Aristotel'sche Sprache helfen.

Wie sollen wir der Gewalttätigkeit anderer Menschen begegnen?

Das ist in der Tat ein ganz anderes Problem, nicht wahr? Mein Nachbar ist gewalttätig: wie soll ich damit umgehen? Soll ich die andere Wange hinhalten? Er wird entzückt sein. Was soll ich tun? Würden Sie diese Frage stellen, wenn Sie wirklich gewaltlos wären, wenn Sie keinerlei Gewalt in sich trügen? Hören Sie sich diese Frage an. Wenn Ihr Herz, Ihr Geist vollkommen frei von Gewalt wäre, frei von Haß, von Bitterkeit, von Erfolgsstreben, von dem Verlangen frei zu sein, wenn in Ihnen überhaupt keine Gewalttätigkeit existierte – würden Sie dann wirklich fragen, wie Sie Ihrem gewalttätigen Nachbarn begegnen sollen? Oder würden Sie dann wissen, wie Sie mit ihm umgehen sollen? Andere würden das, was Sie tun, vielleicht gewalttätig nennen, auch wenn Sie nicht gewalttätig wären. In dem Moment, da Ihr Nachbar gewalttätig handelt, werden Sie wissen, wie Sie mit der Situation umgehen müssen. Doch eine dritte Person, die das Ganze beobachtet, sagt vielleicht: »Du bist auch gewalttätig.« Doch Sie wissen, daß Sie nicht gewalttätig sind. Das Wichtigste ist also, daß Sie selbst wirklich völlig frei von Gewalt sind – dann spielt es keine Rolle, was andere über Sie sagen.

Ist nicht der Glaube an die Einheit aller Dinge ebenso menschlich wie der Glaube, daß alles voneinander getrennt sei?

Warum wollen Sie an irgend etwas glauben? Warum wollen Sie an die Einheit aller Menschen glauben? Wir sind nicht vereint, das ist eine Tatsache. Weshalb wollen Sie an etwas glauben, das nicht den Tatsachen entspricht? Damit stoßen wir auf das gesamte Problem des Glaubens. Denken Sie nur einmal darüber nach: Sie haben Ihren Glauben, und ein anderer hat seinen, und wir kämpfen und töten einander für diesen Glauben.
Warum haben Sie überhaupt einen Glauben? Haben Sie ihn, weil Sie Angst haben? Nein? Glauben Sie daran, daß die Sonne aufgeht? Das können Sie mit eigenen Augen sehen, Sie brauchen nicht daran zu glauben. Glauben impliziert Trennung und ist daher eine Form von Gewalt. Frei von jeglicher Gewalt zu sein bedeutet auch, frei von allem zu sein, das Menschen anderen Menschen aufgezwungen haben: frei von Glaubenssystemen,

Dogmen, Ritualen, dem Glauben an meine Nation, Ihre Nation, Ihren Gott und meinen Gott, meine Meinung, Ihre Meinung und meine Ideale. All das trägt dazu bei, die Menschen voneinander zu trennen und Gewaltbereitschaft zu erzeugen. Und obwohl die organisierten Religionen die Einheit der Menschen predigten, hält sich jede Religion für weitaus höherstehend als die anderen.

Was Sie gerade über Einheit sagten, habe ich so verstanden, daß jene, die Einheit predigen, in Wirklichkeit Trennung heraufbeschwören.

Ganz richtig, mein Herr.

Besteht der Zweck des Lebens lediglich darin, das Dasein zu bewältigen?

Sie fragen: »Ist das der Zweck des Lebens?« Doch weshalb suchen Sie überhaupt nach einem Lebenszweck? Leben Sie! Das Leben ist sich selbst Zweck genug, weshalb suchen Sie nach einem Zweck? Schauen Sie: Jeder hat seinen eigenen Zweck, der religiöse Mensch seinen, der Wissenschaftler seinen, der Familienvater seinen und so weiter, wodurch sich alle voneinander trennen. Ein Mensch, der einen Zweck verfolgt, lebt gewalttätig. Es ist so klar und einfach.

San Diego State College *8. April 1970*

Meditation

Wenn dieses Außergewöhnliche in Ihrem Leben zu wirken beginnt, dann ist es allumfassend: Dann sind Sie der Lehrer, der Schüler, der Nachbar, die Schönheit einer Wolke – all das sind Sie, und das ist Liebe.

Was ist Meditation? Bevor wir tiefer in diese wirklich recht komplexe und vielschichtige Frage eindringen, sollte uns ganz klar sein, was wir eigentlich suchen. Wir suchen immer etwas, ganz besonders jene unter uns, die an religiösen Dingen interessiert sind. Selbst für den Wissenschaftler ist die Suche etwas sehr Wichtiges. Das Suchen – die Bedeutung dieses Suchens – muß sehr klar und endgültig verstanden sein, bevor wir uns eingehender damit befassen können, was Meditation ist, weshalb man überhaupt meditieren sollte, welchen Nutzen Meditation hat und wohin sie uns führt.

Das Wort »suchen« – hinter etwas her sein, etwas ausfindig machen – impliziert doch, daß wir bereits mehr oder weniger wissen, wonach wir suchen. Wenn wir als religiös interessierter Mensch sagen, daß wir die Wahrheit oder Gott suchen oder nach einem vollkommenen Leben suchen, dann müssen wir schon ein Bild oder eine Vorstellung davon in unserem Innern tragen. Um etwas zu finden, nach dem wir gesucht haben, müssen wir seine Umrisse, seine Farbe, seine Beschaffenheit schon kennen. Steckt im Wort »suchen« nicht, daß wir etwas verloren haben und dabei sind es wiederzufinden, daß wir es wiedererkennen können, sobald wir es finden? – Was ja bedeutet, daß wir es bereits kennen, daß wir uns nur auf den Weg zu machen brauchen, um es ausfindig zu machen.

Bei der Meditation wird uns als erstes klar, daß es keinen Sinn hat zu suchen, weil das, was gesucht wird, von unseren Wünschen bestimmt ist. Wenn Sie unglücklich, einsam und verzweifelt sind, werden Sie nach etwas suchen, das Ihnen Hoffnung gibt, nach Gemeinschaft, nach etwas, das Sie unterstützt, und Sie werden es unweigerlich finden.

In der Meditation muß man das Fundament legen, ein Fundament der Ordnung, der Rechtschaffenheit, nicht des gesellschaftlichen Ansehens oder der gesellschaftlichen Moral, die gar keine Moral ist, sondern der Ordnung, die sich dadurch einstellt, daß wir die Unordnung verstehen. Das ist ein großer Unterschied. Unordnung wird so lange existieren, wie innere und äußere Konflikte bestehen.

Die Ordnung, die aus dem Verstehen der Unordnung erwächst, richtet sich nicht nach vorgegebenen Strukturen oder nach Autoritäten, ja noch nicht einmal nach der eigenen Erfahrung. Eine solche Ordnung muß sich offensichtlich mühelos einstellen, denn jede angestrengte Bemühung verzerrt die Dinge – sie muß ohne jegliche Kontrolle entstehen.

Wir berühren hier ein sehr schwieriges Thema; wir sagten, daß wir Ordnung schaffen müssen, ohne Kontrollen auszuüben. Wir müssen verstehen, was Unordnung ist und wie sie entsteht. Sie ist der Konflikt, der in uns selbst liegt. Indem wir ihn beobachten, verstehen wir ihn. Es geht nicht darum, ihn zu überwinden oder zu unterdrücken. Dieses Beobachten ohne jegliche Verzerrung, ohne Zwang oder Kontrolle, ist ein ziemlich schwieriges Unterfangen.

Kontrolle impliziert entweder Unterdrückung, Ablehnung oder Ausschluß. Sie führt zu einer Spaltung zwischen dem Kontrollierenden und dem Gegenstand der Kontrolle und folglich zu einem Konflikt. Wenn man das verstanden hat, hören Kontrolle und Wahl vollkommen auf. Vielleicht hört sich das alles sehr schwierig an, da es in krassem Gegensatz zu dem steht, was Sie bisher gedacht haben. Sie fragen sich vielleicht: Wie kann es überhaupt eine Ordnung ohne Kontrolle, ohne den Einsatz des Willens geben? Doch wie wir bereits sagten, führt jegliche Kontrolle zur Spaltung zwischen demjenigen, der kontrolliert, und dem Kontrollierten. In dieser Spaltung liegt der Konflikt, die Verzerrung. Wenn Sie das wirklich begreifen, wird die Spaltung zwischen Kontrollierendem und kontrolliertem Objekt aufgehoben und macht einem umfassenden Verstehen Platz. Wenn man das versteht, was gegenwärtig ist, ist Kontrolle nicht mehr nötig.

Wenn wir uns eingehender mit der Frage, was Meditation ist, beschäftigen wollen, müssen uns also die beiden folgenden wesentlichen Punkte völlig klar sein: Erstens ist es sinnlos zu suchen; zweitens müssen wir jene Ordnung zulassen, die aus dem Verstehen der Unordnung erwächst. Die Unordnung entsteht ja durch die Kontrolle. Kontrolle bringt die Dualität und den Widerspruch zwischen dem Beobachter und dem Beobachteten mit sich.

Ordnung stellt sich ein, wenn einer, der wütend ist und versucht, die Wut loszuwerden, erkennt, daß er selbst die Wut ist. Ohne dieses Verstehen kann man unmöglich erkennen, was Meditation ist. Halten Sie sich nicht selbst zum Narren mit all den Büchern, die über Meditation geschrieben wurden, mit all den Leuten, die Ihnen sagen wollen, wie man meditiert, mit all den Gruppen, die zum Zweck der Meditation gebildet werden, denn solange keine Ordnung existiert, die Tugend ist, muß der Geist im Konflikt des Widerspruchs leben. Wie kann ein solcher Geist die ganze Bedeutung von Meditation erfassen?

Man muß sich diesem seltsamen Phänomen, genannt Liebe, mit seinem ganzen Wesen stellen – und deshalb muß man furchtlos sein. Wir sprechen hier von der Liebe, die von Lust, von Verlangen und von Eifersucht unberührt ist – von jener Liebe, die keine Konkurrenz kennt, die nicht trennt, bei der es keine Aufspaltung in meine Liebe und deine Liebe gibt. Dann ist der Geist mitsamt dem Verstand und den Gefühlen in vollkommener Harmonie, und das muß so sein, andernfalls ist Meditation nichts als Selbsthypnose.

Sie müssen sehr hart arbeiten, um die Aktivitäten Ihres Verstandes aufzudecken, um zu verstehen, wie er in seiner Egozentrik, der Unterscheidung von »Ich« und »Nicht-Ich«, funktioniert. Sie müssen sich selbst sehr genau kennen und all die Tricks, mit denen der Verstand sich selbst zum Narren hält, die Illusionen und Täuschungen, die Bilderwelten und die eigenen romantischen Vorstellungen. Ein Geist, der zur Sentimentalität fähig ist, ist unfähig zur Liebe; Sentimentalität bringt Roheit, Grausamkeit und Gewalttätigkeit hervor, nicht Liebe.

Um dies tief in Ihrem Innern zu verankern, bedarf es harter Arbeit; es erfordert eine ungeheure Disziplin, durch Beobachten die eigenen inneren Prozesse zu entschlüsseln. Solches Beobachten ist nicht möglich, wenn Sie sich dabei nach irgendwelchen Vorurteilen, vorgefaßten Meinungen oder Grundsätzen richten. Wenn Ihre Beobachtungen durch das bestimmt werden, was ein Psychologe Ihnen gesagt hat, dann beobachten Sie sich selbst nicht wirklich und können nicht zu Selbsterkenntnis gelangen. Sie brauchen einen Geist, der fähig ist, völlig allein zu stehen – unbelastet von der Propaganda oder den Erfahrungen anderer. Erleuchtung kann nicht durch einen Führer oder Lehrer erlangt werden, sondern nur durch das Verstehen dessen, was im eigenen Innern vor sich geht – man muß bei sich selbst bleiben. Der Geist muß fortwährend verstehen, was sich in seinem eigenen psychischen Raum abspielt. Er muß alles wahrnehmen, was dort vor sich geht, ohne jegliche Verzerrung, ohne zu wählen, ohne Befremden, ohne Bitterkeit, ohne Erklärungs- oder Rechtfertigungsversuche – er muß einfach achtsam sein. Dieser Boden wird freudig und mit Leichtigkeit, ganz ohne Zwang, aus einem Glücksempfinden heraus, aber ohne Hoffnung auf irgendein bestimmtes Ergebnis bereitet. Wenn Sie Hoffnung haben, entfernen Sie sich von der Verzweiflung, aber man muß die Verzweiflung verstehen, nicht die Hoffnung suchen. Im Verstehen dessen, »was ist«, gibt es weder Verzweiflung noch Hoffnung.

Ist der menschliche Geist durch all das überfordert? Doch wenn man nicht nach dem scheinbar Unmöglichen strebt, gerät man in die Falle, in die Begrenzung dessen, was der Verstand für möglich hält. Und es ist sehr leicht, in diese Falle zu geraten. Man muß dem Verstand und dem Herzen das Höchste abverlangen, sonst bleibt man in dem angenehm und bequem Erreichbaren stecken.

Kommunizieren wir noch miteinander? Vielleicht auf der verbalen Ebene, doch das Wort ist nicht die Sache. Wir haben etwas beschrieben, doch die Beschreibung ist nicht das Beschriebene. Wenn Sie sich mit dem Redner auf eine Reise begeben, dann machen Sie die Reise wirklich, nicht nur theoretisch als Vorstellung, sondern als etwas, das Sie selbst tatsächlich, wirklich beobachten – nicht etwas, das Sie erfahren, denn zwischen Beobachten und Erfahren besteht ein Unterschied. Zwischen Beobachtung und Erfahrung besteht sogar ein riesiger Unterschied. Bei der Beobachtung existiert kein »Beobachter«, sondern nur der Vorgang des Beobachtens; es gibt nicht denjenigen, der beobachtet und vom beobachteten Gegenstand getrennt ist. Beobachtung ist etwas völlig anderes als analytisches Forschen. Bei der Analyse gibt es immer den Analysierenden und das zu analysierende Objekt. Das Forschen setzt immer einen Forscher voraus. Beobachten bedeutet ständiges Lernen, nicht ständiges Speichern. Ich hoffe, daß Sie den Unterschied erkennen können. Diese Art des Lernens unterscheidet sich von jener, bei der Wissen, das dann als Grundlage des Denkens und Handelns dient, angehäuft werden soll. Eine Analyse mag logisch, vernünftig und rational sein, doch das Beobachten ohne den »Beobachter« ist etwas völlig anderes.

Nun zur Erfahrung. Weshalb verlangen wir nach Erfahrungen? Haben Sie je darüber nachgedacht? Wir machen ständig Erfahrungen, entweder bewußt oder unbewußt. Doch wir wünschen uns tiefere, weitreichendere Erfahrungen, mystische, ursprüngliche, transzendente, göttliche, spirituelle. Warum? Tun wir das nicht, weil unser Leben so schäbig, so elend, so klein und unbedeutend ist? Man möchte das alles vergessen und in eine ganz andere Dimension ausweichen. Wie kann ein kleinkarierter, sich ständig sorgender, ängstlicher, mit unzähligen Problemen beladener Geist etwas anderes wahrnehmen als seine eigenen Projektionen und Aktivitäten? Dieses Verlangen nach größeren Erfahrungen ist eine Flucht vor dem, was tatsächlich ist. Und doch offenbaren sich die größten Mysterien des Lebens nur in dieser Wirklichkeit. Erfahrung ist mit dem Prozeß des Erkennens verknüpft. Wenn Sie etwas erkennen, bedeutet das, daß Sie es bereits kannten. Erfahrungen stammen generell aus der Vergangenheit, sie halten nichts Neues bereit. Beobachten hat also nichts mit dem Hunger nach Erfahrungen zu tun.

Wenn wir uns über diese außerordentlich subtilen Zusammenhänge, die große innere Achtsamkeit erfordern, im klaren sind, können wir zu unserer ursprünglichen Frage zurückkehren: Was ist Meditation? Es wurde schon so viel über Meditation gesagt; so viele Bücher wurden darüber geschrieben. Große Yogis (ich weiß nicht, ob sie wirklich so großartig sind) reisen umher und lehren Meditation. In ganz Asien wird von Meditation gesprochen, das ist dort einfach eine Angewohnheit, so wie es eine Angewohnheit ist, an Gott oder irgend etwas anderes zu glauben. Man setzt sich zehn Minuten lang in ein ruhiges Zimmer und »meditiert«, konzentriert, fixiert sein Bewußtsein auf ein Bild, das man selbst hervorgebracht oder von jemand anderem übernommen hat, der für sein Bild Reklame machte. Während dieser zehn Minuten versucht man, seinen Geist unter Kontrolle zu bringen, doch der Verstand wandert hierhin und dorthin, und man kämpft mit ihm. Dieses Spiel spielt man unaufhörlich weiter. Das nennen sie dort Meditation.

Wenn man nichts über Meditation weiß, muß man herausfinden, was sie wirklich ist – aber nicht, indem man Wissen von anderen übernimmt – und das kann zu nichts oder zu allem führen. Man muß forschen, man muß diese Frage ohne jegliche Erwartung stellen.

Um den Verstand beobachten zu können, – diesen Verstand, der ständig plappert, Vorstellungen projiziert, in Widerspruch und in ständigem Konflikt lebt und vergleicht, – muß ich offenbar sehr still sein. Damit ich höre, was Sie sagen, muß ich aufmerksam sein, darf nicht dazwischenplappern, darf nicht an etwas anderes denken, darf nicht das, was Sie sagen, mit dem vergleichen, was ich bereits weiß. Ich muß Ihnen total zuhören, mein Geist muß empfänglich sein, ruhig sein, still.

Es ist absolut notwendig, die gesamte Struktur der Gewalt zu sehen; wenn man die Gewalt betrachtet, wird der Geist vollkommen still – doch man kann diese Stille nicht »kultivieren«. Um einen stillen Geist zu kultivieren, müßte ja derjenige existieren, der in der Dimension der Zeit kultiviert, was er zu erreichen hofft. Sehen Sie die Schwierigkeit? Jene, die versuchen, Meditation zu lehren, sagen: »Kontrolliere deinen Geist, bringe deinen Geist absolut zum Schweigen«. Sie versuchen, ihn zu kontrollieren, und lassen sich auf einen endlosen Kampf mit ihm ein. Sie bringen vierzig Jahre damit zu, den Verstand kontrollieren zu wollen. Doch der Geist, der beobachtet, kontrolliert nicht und kämpft nicht unaufhörlich.

Im reinen Akt des Sehens oder Hörens liegt Achtsamkeit; das müssen Sie keineswegs erst üben. Wenn Sie üben, werden Sie sofort unachtsam. Sind Sie achtsam, und Ihr Geist schweift ab, lassen Sie ihn abschweifen, aber seien Sie sich dessen bewußt, daß er unachtsam ist. Die bewußte Wahrnehmung dieser Unachtsamkeit ist Achtsamkeit. Kämpfen Sie nicht gegen die Unachtsamkeit an, strengen Sie sich nicht an, sagen Sie nicht: »Ich muß achtsam sein.«, das ist kindisch. Seien Sie sich einfach bewußt, daß Sie unachtsam sind, nehmen Sie, ohne etwas anderes zu wollen, wahr, daß Sie unachtsam sind – was macht das schon? Nehmen Sie in dem Moment, im Augenblick der Unachtsamkeit einfach bewußt wahr, was vor sich geht. Verstehen Sie das? Es ist so einfach. Wenn Sie es einfach tun, wird es Ihnen klar, sonnenklar.

In der Stille des Geistes liegt Schönheit. Wenn man einem Vogel oder der Stimme eines Menschen lauscht, wenn man dem Politiker, dem Priester, dem ganzen Propagandalärm in völliger Stille lauscht, hört man viel mehr, sieht man viel mehr. Diese Stille ist nicht möglich, wenn der Körper nicht ebenfalls vollkommen still ist. Der Organismus mit all seinen nervösen Reaktionen – dem Herumrutschen, der ständigen Bewegung von Händen und Augen –, mit seiner allgemeinen Rastlosigkeit muß völlig zur Ruhe kommen. Haben Sie je versucht, völlig still zu sitzen, so daß sich nichts an Ihrem Körper bewegt, nicht einmal die Augen? Tun Sie das einmal zwei Minuten lang. In diesen zwei Minuten wird sich Ihnen alles offenbaren, wenn Sie zu schauen verstehen.

Wenn der Körper still ist, fließt mehr Blut zum Kopf. Wenn Sie jedoch zusammengesunken und krumm dasitzen, kann das Blut nicht so leicht zum Kopf strömen. Das müssen Sie wissen. Andererseits können Sie bei allem, was Sie tun, meditieren, beispielsweise wenn Sie im Bus sitzen oder Auto fahren. Es ist eines der erstaunlichsten Phänomene, daß Sie meditieren können, während Sie ein Auto steuern – passen Sie auf, ich meine das im Ernst. Der Körper hat seine eigene Intelligenz, die der Verstand zerstört hat. Der Verstand lechzt nach Lust, und so verführt er uns zu Schwelgereien, zu übermäßigem Essen, zu sexuellen Exzessen. Er zwingt den Körper, bestimmte Dinge zu tun: Wenn er müde ist, zwingt er ihn, nicht müde zu sein, oder er redet uns ein, eine Pille zu schlucken, um wach zu bleiben. So zerstört er die ureigene Intelligenz des Organismus, der abgestumpft wird. Doch es ist sehr wichtig, daß man sich eine große Sensibilität bewahrt. Deshalb muß man achtgeben, was man ißt – wenn man sich überißt, weiß man, was geschieht. Wenn man große Sensibilität besitzt, besitzt man auch Intelligenz und ist daher fähig zu lieben. Die Liebe ist dann reine Freude und hat eine zeitlose Qualität.

Die meisten von uns leiden in der einen oder anderen Form an körperlichen Schmerzen. Diese Schmerzen stören den Geist, der Tage, ja sogar Jahre damit verbringt, darüber nachzudenken: »Ich wünschte, ich hätte diese Schmerzen nicht, werde ich sie jemals wieder los?« Wenn der Körper Schmerzen hat, müssen Sie diese beobachten, anschauen, lassen Sie nicht zu, daß sich das Denken störend einschaltet. Der Geist, der Herz und Verstand umfaßt, muß in vollkommener Harmonie sein. Nun, welchen Sinn hat diese Art zu leben, diese Harmonie – welchen Sinn hat sie in dieser Welt, in der soviel Elend herrscht? Welchen Sinn hat es, wenn ein oder zwei Menschen so ekstatisch leben können? Welchen Sinn hat es, diese Frage zu stellen? Es hat überhaupt keinen Sinn. Wenn dieses außerordentliche Phänomen in Ihrem Leben wirksam ist, umfaßt es alles; dann sind Sie der Lehrer, der Schüler, der Nachbar, die Schönheit einer Wolke – Sie sind all das, und das ist Liebe.

Bei der Meditation kommt noch ein weiterer Faktor hinzu. Das Wachbewußtsein, das den ganzen Tag über genauso funktioniert, wie es trainiert wurde, dieses Wachbewußtsein führt all seine Alltagsaktivitäten während des Schlafes in unseren Träumen fort. In unseren Träumen finden Aktivitäten statt, geschieht ständig das eine oder andere, und so ist der Schlaf eine Fortsetzung unserer wachen Stunden. Und es wird eine Menge Geheimnistuerei und Hokuspokus um Träume gemacht. Man meint, sie müßten interpretiert werden, deshalb gibt es soviele Traumdeutungsexperten. Doch man kann sie selbst sehr leicht durchschauen, wenn man das eigene Leben während des Tages beobachtet. Doch weshalb sollten wir überhaupt träumen? (Die Psychologen sagen allerdings, man müsse träumen, sonst würde man verrückt.) Doch wenn Sie sich während Ihrer wachen Stunden sehr genau beobachten, wenn Sie sich all Ihre egozentrischen, angstvollen, furchtsamen und schuldbewußten Aktitivitäten den ganzen Tag über aufmerksam ansehen, werden Sie feststellen, daß Ihr Schlaf traumlos ist. Das Bewußtsein hat jede Regung des Verstandes, jedes seiner Worte aufmerksam beobachtet. Wenn Sie das tun, werden Sie die Schönheit, die darin liegt, wahrnehmen – nicht die ermüdende Langeweile des Beobachtens, sondern die Schönheit des Beobachtens, und Sie werden feststellen, daß Sie dann sogar während des Schlafes achtsam sind. Dann wird Meditation, dieses Phänomen, über das wir in dieser Stunde gesprochen haben, außerordentlich bedeutungsvoll und wertvoll, man erfährt ihre Erhabenheit, Anmut und

Schönheit. Wenn Sie verstanden haben, was Achtsamkeit ist, und zwar nicht nur während Ihrer wachen Stunden, sondern auch während des Schlafes, dann ist der Geist in seiner Gesamtheit vollkommen wach. Darüber hinaus ist das zu Beschreibende keiner Beschreibung zugänglich. Man kann nicht darüber sprechen. Alles, was man tun kann, ist, auf die Tür zu deuten. Und wenn Sie bereit sind, dann machen Sie sich auf den Weg zu dieser Tür. Dann müssen Sie alleine hindurchgehen, niemand kann dieses Unbenennbare beschreiben, niemand kann sagen, ob es nichts oder alles ist – es spielt keine Rolle. Jeder, der es beschreibt, weiß in Wirklichkeit nichts. Wer zu wissen behauptet, ist unwissend.

Was ist Ruhe, was ist Stille? Ist sie das Ende des Lärms?

Klang ist ein seltsames Phänomen. Ich weiß nicht, ob Sie Geräuschen jemals wirklich lauschen – nicht, indem Sie zwischen angenehmen und unangenehmen unterscheiden, sondern einfach einem Geräusch, einem Klang lauschen! Klang hat im Raum eine außerordentliche Wirkung. Haben Sie je dem Klang eines Flugzeugs gelauscht, das hoch am Himmel über Sie hinwegflog? Haben Sie seinen ureigenen Klang ohne jeglichen Widerstand wahrgenommen? Sind Sie beim Lauschen der Bewegung seines Klanges gefolgt? Er hat eine bestimmte Resonanz.
Was ist also Stille? Ist es der »Raum«, den Sie durch Kontrolle, durch das Unterdrücken von Lärm erzeugen und den Sie Stille nennen? Das Gehirn ist ununterbrochen aktiv und reagiert auf Stimuli mit seinem eigenen Lärm. Was ist also Stille? Verstehen Sie die Frage jetzt? Ist Stille das Ende dieses selbsterzeugten Lärms? Ist sie das Ende des inneren Plapperns, der Verbalisierung jedes Gedankens? Selbst wenn diese Verbalisierung nicht mehr stattfindet und das Denken anscheinend zum Stillstand kommt, ist das Gehirn weiterhin aktiv. Ist Stille daher nicht mehr als das Ende des Lärms, ist sie nicht der vollständige Stillstand jeglicher Aktivität? Beobachten Sie es, lassen Sie sich darauf ein, beobach-

ten Sie, wie Ihr Gehirn, welches das Produkt einer Millionen Jahre alten Konditionierung ist, auf jede Anregung unmittelbar reagiert. Schauen Sie, ob diese ununterbrochen aktiven, plappernden, reagierenden Gehirnzellen still sein können.
Kann der Geist, der Verstand, der ganze Organismus, dieses gesamte psychosomatische Wesen vollkommen still sein und zwar nicht durch Zwang oder Unterdrückung, nicht, weil man sich in seiner Gier sagt: »Für die wunderbarsten Erfahrungen muß ich vollkommen still sein«? Prüfen Sie sich und schauen Sie, ob Ihre Stille lediglich etwas Gemachtes ist oder ob sie sich einstellt, weil Sie das Fundament gelegt haben. Wenn Sie das Fundament, das Liebe ist, das Tugend ist, das Güte ist, das Schönheit ist, das wahres Mitgefühl aus der Tiefe Ihres ganzen Menschseins ist, nicht gelegt haben, dann ist Ihre Stille nicht mehr als das Ende von Lärm. Ich möchte in diesem Zusammenhang auch über das Drogenproblem sprechen. In Indien gab es in alten Zeiten eine Substanz, die »Soma« genannt wurde. Sie wurde aus einer Pilzart hergestellt. Man trank den Saft und wurde entweder in einen Zustand der Ruhe versetzt oder hatte alle möglichen Halluzinationen, doch diese Erfahrungen waren lediglich das Resultat der Konditionierung. (Alle Erfahrungen sind in Wirklichkeit das Resultat von Konditionierung: Wenn Sie an Gott glauben, werden Sie natürlich eine entsprechende Gotteserfahrung machen, doch dieser Glaube beruht auf Angst und der Qual ständigen Konflikts. Ihr Gott ist das Produkt Ihrer eigenen Angst. Und deshalb ist selbst die wunderbarste Gotteserfahrung nichts als Ihre eigene Projektion.) Später ging das Wissen über diesen Pilz, diese Substanz, genannt Soma, verloren, und seither gibt es in Indien wie auch hier die verschiedensten Drogen wie beispielsweise Haschisch, LSD, Marihuana, Tabak, Alkohol, Heroin. Sie kennen sie alle. Auch Fasten kann eine Droge sein. Wenn Sie fasten, laufen bestimmte chemische Prozesse ab, die eine gewisse innere Klarheit erzeugen. Auch daran kann man sich berauschen.
Doch weshalb sollte man Drogen nehmen, wenn man ein wun-

derschönes Leben ohne sie führen kann? Menschen, die sie nahmen, berichten uns, daß bestimmte Veränderungen stattfinden: Man spürt eine gewisse Vitalität, das Aufsteigen einer Energie, und die Distanz zwischen dem Beobachter und dem Beobachteten verschwindet, man sieht die Dinge viel klarer. Einer erzählt, daß er Drogen nimmt, bevor er ins Museum geht, weil der dann die Farben leuchtender als je zuvor sehen kann. Aber Sie können diese Farben genauso leuchtend sehen, ohne Drogen zu nehmen, wenn Sie vollkommen achtsam sind, wenn Sie sie ohne die Distanz zwischen Beobachter und beobachtetem Objekt wahrnehmen. Wenn Sie Drogen nehmen, werden Sie davon abhängig, und früher oder später werden sie sich katastrophal auswirken.
Soviel also zu Fasten und Drogen, die unser Verlangen nach großartigen Erfahrungen befriedigen sollen. Sie werden alles produzieren, was Sie sich wünschen. Doch was man sich wünscht, ist so kümmerlich. Eine unbedeutende, kleine Erfahrung, die zu etwas Außergewöhnlichem aufgebauscht wird. Daher läßt ein weiser Mensch, der sich all das bewußt gemacht hat, alle Stimulantien beiseite. Er beobachtet sich selbst und kennt sich selbst. Diese Selbsterkenntnis ist der Anfang von Weisheit und das Ende von Leid.

Helfen wir anderen wirklich durch eine gute Beziehung? Genügt es, den anderen zu lieben?

Was heißt Beziehung? Was meinen wir damit? Haben wir zu irgend jemandem außer unseren Blutsverwandten eine Beziehung? Was meinen wir, wenn wir »Beziehung« sagen? Stehen wir je miteinander in Beziehung, wenn jeder von uns sein isoliertes Leben lebt – isoliert im Sinne egozentrischer Aktivitäten, wenn jeder mit seinen eigenen Problemen, seinen eigenen Ängsten, seiner eigenen Verzweiflung, seinem Verlangen nach Erfüllung beschäftigt ist? Wenn ein Mann eine sogenannte Beziehung zu seiner Frau hat, dann hat er diese Beziehung mit Bildern befrachtet. Die Beziehung besteht nur zwischen Bildern, und eine solche Beziehung wird Liebe genannt! Eine Beziehung besteht nur, wenn das Bild verschwindet, wenn der Isolationsprozeß ein Ende hat, wenn Ihre Frau nicht Ihren Erwartungen entsprechen muß und Sie nicht den ihren, wenn Sie nicht Ihre Frau besitzen und Ihre Frau Sie nicht besitzt, wenn Sie nicht von Ihrer Frau abhängig sind und sie nicht von Ihnen abhängig ist.

Wenn Liebe da ist, werden Sie nicht fragen, ob sie hilft oder nicht. Eine schöne Blume, die am Wegrand steht und ihren Duft verströmt, bittet Sie nicht, wenn Sie vorübergehen, an ihr zu riechen, sie anzuschauen, ihre Schönheit, Anmut und Zartheit zu genießen – sie ist einfach da, und Sie können sie anschauen oder nicht. Wenn Sie aber sagen: »Ich will dem anderen helfen.«, kommt Angst ins Spiel, und das ist der Anfang vom Übel.

San Diego State College *9. April 1970*

Kontrolle und Ordnung

Kontrolle bringt Chaos hervor, so wie das Gegenteil davon – der Mangel an Kontrolle – ebenfalls zu Chaos führt.

Es geschehen soviele furchtbare Dinge auf der Welt; es herrscht soviel Verwirrung, Gewalt und Brutalität. Was können wir als menschliches Wesen in einer so zerrissenen Welt tun, in einer Welt, in der soviel Verzweiflung und Leid herrscht? Und in unserem Innern herrscht genausoviel Verwirrung und Konflikt. Welche Beziehung besteht zwischen einem einzelnen Menschen und dieser korrupten Gesellschaft, in der das Individuum selbst korrupt ist? Wie soll man leben, um ein wenig Frieden, eine gewisse Ordnung aufrechtzuerhalten und um dennoch in dieser korrupten, zersetzenden Gesellschaft leben zu können? Ich bin sicher, daß Sie sich diese Fragen bereits selbst gestellt haben, und wenn jemand die richtige Antwort gefunden hat, was extrem schwierig ist, kann er vielleicht eine Art Ordnung in sein Leben bringen.

Welchen Wert hat ein einzelner Mensch, der ein geordnetes, vernünftiges, ganzheitliches, harmonisches Leben führt, in einer Welt, die sich selbst zerstört, die ständig am Rande des Krieges steht? Welchen Wert hat eine individuelle Wandlung? Wie wird durch sie die gesamte Masse der menschlichen Existenz beeinflußt? Ich bin sicher, daß Sie sich diese Fragen schon gestellt haben. Doch es sind, wie ich meine, die falschen Fragen, denn man lebt und handelt nicht rechtschaffen um anderer willen, um der Gesellschaft willen. Mir scheint also, daß man herausfinden muß, was Ordnung ist, damit man nicht von äußeren Umständen, von einer bestimmten Kultur, von wirtschaftlichen oder sozialen Gegebenheiten abhängig ist. Denn wenn man nicht für sich selbst herausfindet, was Ordnung ist und wie man ohne Konflikt leben kann, dann vergeudet man sein Leben, dann hat es keine Bedeutung. So wie wir jetzt leben, in ständiger Mühsal, von Problemen beladen, macht das Leben sehr wenig Sinn, ja es ist tatsächlich völlig bedeutungslos. Ein bißchen Geld verdienen, ins Büro gehen, von seinen Konditionierungen bestimmt werden, wiederholen, was andere sagen, nach sehr eingefahrenen Meinungen und dogmatischen Glaubenssystemen leben – all das macht sehr wenig Sinn. Und weil es so sinnlos ist, versuchen die Intellektuellen auf der ganzen Welt, einen Sinn in ihr Leben hineinzuinterpretieren. Die religiös Orientierten legen sich den Lebenssinn auf ihre Weise zurecht, die materialistisch Orientierten auf eine andere, je nachdem, welcher Philosophie oder Theorie sie anhängen.

Es scheint also sehr wichtig – nicht nur jetzt sondern immer, falls man es überhaupt ernst nimmt –, daß man für sich selbst eine Lebensweise findet – nicht als Theorie, sondern tatsächlich im täglichen Leben –, bei der man auf jeder Ebene seines Wesens frei von Konflikten ist. Um diese zu finden, muß man ernsthaft sein. Unsere Treffen dienen nicht der philosophischen oder religiösen Unterhaltung. Wir sind hier – falls es uns wirklich ernst ist, und das hoffe ich –, um gemeinsam herauszufinden, wie man leben kann, aber nicht nach bestimmten Vorgaben, Theorien, Prinzipien oder Glaubenssystemen. Kommunikation ist ein Teilen, ein gemeinsames Schaffen, eine Zusammenarbeit, nicht einfach das Anhören einer Menge Worte oder Ideen. Wir geben uns hier in der Tat überhaupt nicht mit Vorstellungen ab. Es muß also von Anfang an vollkommen klar sein, daß wir ganz ernsthaft mit Herz und Verstand dabei sind herauszufinden, ob die Menschen – ob Sie – vollkommen in Frieden leben können, ob sie zu wirklich konfliktfreien Beziehungen fähig sind. Und um das herauszufinden, muß man sich selbst anschauen, ohne sich auf eine bestimmte Philosophie oder ein bestimmtes Denkmuster oder auf bestimmte religiöse Standpunkte zu stützen. Ich meine, daß wir das alles vollkommen verwerfen müssen, damit unser

Geist frei ist, um seine Beziehung zu sich selbst und seine Beziehung zur Gesellschaft, zur Familie, zu den Nachbarn beobachten zu können. Denn nur dann, nur durch das Beobachten dessen, was wirklich vor sich geht, ist die Möglichkeit gegeben, darüber hinauszugehen. Und ich hoffe, daß uns das während dieser Gespräche gelingt.

Wir bekennen uns nicht zu einer neuen Theorie, einer neuen Philosophie und bringen der Menschheit auch keine religiöse Offenbarung. Es gibt keinen Lehrer, keinen Erlöser, keinen Meister, keine Autorität – und ich meine das, wie ich es sage –, denn wenn Sie wirklich an dem teilhaben, was hier gesagt wird, dann müssen Sie ebenfalls jegliche autoritätsgläubige hierarchische Einstellung ablegen; der Geist muß frei sein, um beobachten zu können. Doch er kann unmöglich beobachten, wenn Sie einem bestimmten System, Führer oder Prinzip folgen oder irgendeiner Form des Glaubens anhängen. Der Geist muß in der Lage sein zu beobachten. Und hier liegt unsere Schwierigkeit, weil Wissen für die meisten von uns toter Ballast geworden ist, ein Mühlstein um unseren Hals. Es ist zu unserer Gewohnheit, unserer Konditionierung geworden. Ein ernsthafter Geist muß frei sein, um beobachten zu können; er muß frei sein von diesem toten Ballast, der sich aus Wissen, Erfahrungen, Traditionen, angesammelten Erinnerungen, aus der Vergangenheit zusammensetzt.

Um also wirklich das, »was ist«, wahrnehmen zu können, um dessen ganze Bedeutung erfassen zu können, muß der Geist frisch, klar und ungeteilt sein. Und das ist unser nächstes Problem: Wie können wir ohne diese Spaltung schauen, ohne die Trennung zwischen »Ich« und »Nicht-Ich«, zwischen »uns« und »ihnen«? Wie wir bereits sagten, sehen Sie sich selbst durch die Worte des Sprechers. Die Frage lautet also: Wie sollen Sie beobachten? Haben Sie sich jemals eingehender mit dieser Frage beschäftigt? Wie Sie schauen, hören, beobachten? Nicht nur, wie Sie sich selbst wahrnehmen, sondern den Himmel, die Bäume, die Vögel, Ihren Nachbarn, den Politiker. Wie lauschen Sie, wie betrachten Sie andere und wie sich selbst? Der Schlüssel zu dieser

Art des Beobachtens liegt in der ungeteilten Wahrnehmung. Kann man das jemals verwirklichen? Unsere gesamte Existenz ist gespalten. Wir sind bereits in uns selbst zerrissen und widersprüchlich. Wir leben in der Zersplitterung, das ist eine Tatsache. Und ein Splitter unter all diesen Splittern denkt, er hätte die Fähigkeit zu beobachten. Obwohl er sich durch mancherlei Assoziationen Autorität angemaßt hat, bleibt er dennoch ein Fragment unter vielen. Und dieses eine Fragment schaut sich um und sagt: »Ich verstehe, ich weiß, was richtiges Handeln ist.«

In dieser Zersplitterung, Zerrissenheit, Widersprüchlichkeit entstehen Konflikte zwischen den verschiedenen Fragmenten. Das wissen Sie, wenn Sie es an sich beobachtet haben. Und so kommen wir zu dem Schluß, daß wir nichts tun können, daß wir nichts daran ändern können. Wie kann man diese Zersplitterung heilen? Wir begreifen, daß diese Zersplitterung, diese Spaltung zwischen dem »Ich« und dem »Du« ein Ende haben muß, wenn wir ein harmonisches, geordnetes, heiles, gesundes Leben führen wollen. Doch wir sind zu der Überzeugung gelangt, daß das nicht möglich ist – das ist der tote Ballast dessen, »was ist«. Also erfinden wir Theorien, warten auf die »Gnade« einer göttlichen Macht – oder wie immer Sie es nennen möchten –, die über uns kommen und uns auf wunderbare Weise erlösen soll. Doch leider geschieht das nicht. Oder Sie leben in einer Illusion und erfinden sich irgendeinen Mythos vom höheren Selbst, dem »Atman«. Das bietet Ihnen einen Fluchtweg.

Wir können leicht dazu überredet werden, einen Ausweg zu suchen, weil wir nicht wissen, wie wir diese Zerrissenheit heilen können. Wir sprechen hier nicht von Integration, denn das würde voraussetzen, daß irgend jemand diese Integration vollbringt – ein Fragment, das die anderen Fragmente vereint. Ich hoffe, Sie erkennen diese Schwierigkeit, nämlich wie wir in viele bewußte oder unbewußte Teile aufgespalten sind. Und wir wählen viele Auswege. Es ist zum Beispiel in Mode, das einem Analytiker zu überlassen oder sich selbst zu analysieren. Bitte hören Sie genau zu: In diesem Falle gibt es den Analysierenden und das zu analysierende Objekt. Wir haben uns nie gefragt, wer der Analysierende ist. Er ist offensichtlich selbst nur eines der vielen Fragmente und macht sich an die Analyse unserer gesamten inneren Struktur. Doch da der Analysierende nur ein Fragment ist, ist er konditioniert. Bei seiner Analyse kommen verschiedene Faktoren zusammen. Zunächst einmal muß jede Analyse vollständig sein, sonst wird sie zum Mühlstein um den Hals des Analysierenden, wenn er beginnt, das nächste Ereignis, die nächste Reaktion zu analysieren. Die Erinnerung an die vorhergehende Analyse macht die Last also noch schwerer. Darüber hinaus kommt bei der Analyse Zeit ins Spiel; es gibt so viele Reaktionen, Assoziationen und Erinnerungen, die analysiert werden müssen, daß Sie damit Ihr ganzes Leben zubringen können. Und wenn Sie sich endlich vollständig analysiert haben – falls das überhaupt möglich ist –, stehen Sie am Rande des Grabes. Diese Vorstellung, daß wir uns analysieren, unser Inneres unter die Lupe nehmen müßten, ist nur eine unserer Konditionierungen. Bei der Analyse kommt immer der Zensor ins Spiel, derjenige, der kontrolliert, bestimmt, zurechtbiegt; es existiert stets der Konflikt zwischen dem Analysierenden und dem Analysierten. Das muß man also sehen – nicht theoretisch, nicht als gespeichertes Wissen. Wissen hat seinen eigenen hohen Stellenwert, ist aber fehl am Platz, wenn man versucht, das eigene Wesen in seiner Gesamtheit zu verstehen. Wenn Sie durch Assoziation, Ansammlung und Analyse erworbenes Wissen als Mittel zum Verständnis Ihres eigenen Wesens benutzen, dann haben Sie aufgehört, über sich selbst zu lernen. Um lernen zu können, muß man frei sein, muß man ohne den Zensor beobachten.

Wir können beobachten, was tagaus, tagein – endlos – tatsächlich in uns selbst vor sich geht, »was ist«. Und indem wir dies – die Nutzlosigkeit, den Unfug, die Verschwendung von Zeit und Energie – als wahr erkennen, als wahr, nicht als Meinung, hört der gesamte Prozeß der Analyse auf. Ich hoffe, Sie tun dies, während Sie dem zuhören, was hier gesagt wird. Durch die

Analyse setzt sich die endlose Kette der Assoziationen fort, und man sagt sich: »Ich kann mich nie ändern, dieser Konflikt, dieses Leid, diese Verwirrung sind unvermeidlich, so ist das Leben.« Man wird mechanistisch, gewalttätig, roh und abgestumpft. Wenn man das wirklich als Tatsache sehen kann, dann weiß man, daß es wahr ist, und man kann diese Wahrheit nur erkennen, wenn man tatsächlich sieht, was vor sich geht – »was ist«. Verurteilen Sie es nicht, rationalisieren Sie es nicht, beobachten Sie es einfach. Und Sie können nur beobachten, wenn sich keine Assoziation in die Beobachtung mischt.

Solange der Analysierende existiert, muß auch der Zensor existieren, der das ganze Problem der Kontrolle verursacht. Ich weiß nicht, ob Ihnen je klargeworden ist, daß wir uns vom Augenblick unserer Geburt bis zum Tode unaufhörlich kontrollieren? Ich »muß« und ich »darf nicht«, das »sollte« und jenes »sollte nicht« sein. Kontrolle impliziert Konformität und Nachahmung; man folgt einem bestimmten Prinzip, einem Ideal, und hat schließlich jenen schrecklichen Charakterzug, der »respektabel, achtbar« heißt. Weshalb sollten wir überhaupt Kontrolle ausüben? – Nicht, daß wir gänzlich jegliche Kontrolle verlieren, aber man muß verstehen, was Kontrolle mit sich bringt. Gerade der Vorgang des Kontrollierens bewirkt Unordnung, so wie das Gegenteil – das Fehlen von Kontrolle – ebenfalls Unordnung bewirkt.

Man muß schauen, untersuchen und verstehen, was Kontrolle mit sich bringt, und muß diese Wahrheit sehen. Dann führt man ein geordnetes Leben, in dem es keinerlei Kontrolle gibt. Unordnung entsteht durch den vom Zensor, vom Analsysierenden hervorgerufenen Widerspruch. Sie entsteht durch jenen Wesensanteil, der sich von den anderen Teilen abgetrennt hat und versucht durchzusetzen, was er für richtig hält.

Man muß also diese besondere Form der Konditionierung verstehen: Wir alle werden durch Kontrolle geformt und gebunden. Haben Sie sich jemals gefragt, weshalb Sie überhaupt irgend etwas kontrollieren? Das tun Sie doch, nicht wahr? Weshalb? Was bringt Sie dazu, Kontrolle auszuüben? Wo liegt die Ursache dieser Nachahmung, dieser Konformität? Eine der wesentlichen Ursachen liegt offensichtlich in unserer Konditionierung, unserer Kultur, unseren religiösen und sozialen Zwängen, die uns vorschreiben, dieses zu tun und jenes zu lassen. Kontrolle wird immer vom Willen gesteuert, es ist eine Art innerer Drang, der uns dazu bringt, zu kontrollieren, zu formen, zu dirigieren. Bitte beobachten Sie dies, während Sie zuhören; beobachten Sie es wirklich, und Sie werden sehen, daß etwas ganz anderes zutage tritt. Wir kontrollieren uns selbst, unser Temperament, unser Verlangen, unsere Begierden, weil wir damit auf der sicheren Seite sind. Kontrolle bietet uns große Sicherheit. Trotz all der mit ihr einhergehenden Unterdrückung, Widersprüche, Kämpfe und Konflikte, fühlen wir uns durch sie in gewisser Weise sicher. Und sie gibt uns darüber hinaus das sichere Gefühl, daß wir nie scheitern können.

Doch wo die Trennung zwischen dem Kontrollierenden und dem Kontrollierten herrscht, gibt es keine Güte. Güte kann niemals aus der Spaltung hervorgehen. Tugend ist ein geistiger Zustand, in dem es keine Spaltung gibt, und daher auch keine Kontrolle, die spaltet. Kontrolle bedeutet Unterdrückung, Widerspruch, Anstrengung, Sicherheitsstreben – und das alles im Namen von Güte, Schönheit, Tugend. Doch Kontrolle ist das genaue Gegenteil von Tugend und führt daher zu Unordnung.

Kann man also beobachten ohne gespalten zu sein, ohne den Beobachter, der von dem Beobachteten getrennt ist, ohne das Wissen, das der Beobachter erworben hat und das ihn von dem Geschauten trennt? Der Beobachter ist der Feind des Guten – obwohl er Ordnung wünscht, obwohl er versucht, sich richtig zu verhalten und in Frieden zu leben. Der Betrachter, der sich vom Betrachteten abspaltet, ist die Quelle allen Übels. Verstehen Sie all das? Oder suchen Sie hier nur ein wenig Unterhaltung am Samstagnachmittag? Wissen Sie, was das wirklich bedeutet? Was es bedeutet, wenn der Geist nicht mehr analysiert, sondern wirklich beobachtet, direkt sieht und daher direkt handelt. Es bedeutet, daß der Geist ohne jegliche Spaltung ist. Er ist vollständig, ein Ganzes, und das heißt, er ist heil. Es ist der Neurotiker, der kontrollieren muß, und wenn er den Zustand totaler Selbstkontrolle erreicht hat, ist er so durch und durch neurotisch geworden, daß er sich nicht mehr bewegen kann, daß er unfrei ist.

Sehen Sie, wie wahr das ist! Die Wahrheit liegt nicht in dem, »was ist« – das, »was ist«, ist die Spaltung in Schwarz und Weiß, in Araber und Juden, ist das ganze Chaos, in dem sich diese schreckliche Welt befindet. Der Geist kann nicht ganz, gesund, heil sein, weil er sich gespalten hat, und diese innere Spaltung ist die Ursache von soviel Korruption, soviel Unordnung, soviel Gewalt und Brutalität. Wir müssen uns also fragen: Kann der Geist ohne Spaltung beobachten, so daß der Beobachter und das Beobachtete eins sind? Kann man einen Baum, eine Wolke, die Schönheit des Frühlings, sich selbst, ohne den Ballast erworbenen Wissens betrachten? Kann man sich selbst anschauen und im Augenblick der Betrachtung etwas lernen, ohne Erlerntes anzusammeln, so daß der Geist jederzeit frei ist zu beobachten? Nur der frische Geist kann lernen, nicht der, der Wissen mit sich herumschleppt. Und Lernen bedeutet, sich selbst ohne Spaltung, ohne Analyse zu betrachten, ohne den Zensor, der das Gute vom Bösen, das, was »sein sollte«, von dem, »was nicht sein sollte«, trennt. Dies ist von allergrößter Bedeutung, denn wenn Sie so beobachten, wird der Geist entdecken, daß alle Konflikte aufhören. Hierin liegt vollkommene Güte. Nur solch ein Geist kann recht handeln, und darin liegt große Freude – eine andere Freude als die durch Vergnügen oder Lust hervorgerufene.

Haben Sie nun irgendwelche Fragen? Sie müssen alles in Frage stellen, einschließlich ihres liebevoll gehegten Glaubens, ihrer Ideale, ihrer Autoritäten, ihrer gelehrten Schriften, ihrer Politiker. Und das bedeutet, daß Sie eine bestimmte Fähigkeit zur Skepsis haben müssen. Doch nehmen Sie die Skepsis an die lange Leine, damit Sie sie, wenn nötig, loslassen können, so daß der Geist frei beobachten und schnell vorankommen kann. Wenn Sie eine Frage stellen, muß sie sich wirklich auf Ihr eigenes Problem beziehen.

Stellen Sie bitte keine beiläufigen, oberflächlichen Fragen zu Ihrer Unterhaltung, sondern beziehen Sie sich auf ein eigenes Problem. Dann werden Sie die richtige Frage stellen. Und wenn Sie die richtige Frage stellen, werden Sie die richtige Antwort bekommen. Denn bereits das Stellen der richtigen Frage zeigt Ihnen die darin enthaltene Antwort auf. Man muß also – wenn ich das betonen darf – die richtige Frage stellen. Dann können wir miteinander teilen, können gemeinsam an diesem Problem teilhaben. Ihr Problem unterscheidet sich nicht von dem anderer Menschen. Alle Probleme stehen miteinander in Verbindung, und wenn Sie ein Problem vollkommen, umfassend verstehen können, haben Sie alle anderen Probleme verstanden. Deshalb ist es sehr wichtig, die richtige Frage zu stellen. Doch selbst wenn Sie eine falsche Frage stellen, werden Sie dadurch herausfinden, wann der Augenblick für die richtige Frage gekommen ist. Man muß beides tun: dann lernt man, immer die grundlegende, echte, wahre Frage zu stellen.

Was ist der höchste Sinn und Zweck der menschlichen Existenz?

Kennen Sie irgendeinen Sinn und Zweck? Die Art, in der wir leben, hat keinen Sinn und keinen Zweck. Wir können uns einen Sinn erfinden, beispielsweise das Ziel, Vollkommenheit, Erleuchtung, höchste Sensibilität zu erreichen – wir können endlose Theorien erfinden. Und wir sind in diesen Theorien gefangen, wir machen sie zu unserem Problem. Unser tägliches Leben hat keinen Sinn, keinen Zweck, außer dem, ein bißchen Geld zu verdienen und ein idiotisches Leben zu führen. Man kann all das beobachten, nicht in der Theorie, sondern tatsächlich an sich selbst: Der endlose innere Kampf, die Suche nach einem Sinn, nach Erleuchtung. Man reist durch die ganze Welt – besonders nach Indien oder Japan –, um eine Meditationstechnik zu erlernen. Sie können tausend Zwecke erfinden, doch Sie brauchen nirgendwohin zu gehen, weder in den Himalaya, noch in ein Kloster oder einen Ashram, der nur eine Art Isolationslager ist, denn alles, was Sie suchen, existiert bereits in Ihrem Innern. Das Höchste, das Unermeßliche liegt in Ihnen, wenn Sie nur zu schauen verstehen. Nehmen Sie nicht einfach an, daß es da ist – das ist einer der törichten Tricks, mit denen wir uns selbst zum Narren halten: Die Vorstellung, daß wir göttlich, daß wir »vollkommen« sind, und all die anderen kindischen Vorstellungen. Und doch können wir durch die Illusion, durch das, »was ist«, durch das Meßbare etwas finden, das unermeßlich ist. Aber Sie müssen bei sich selbst anfangen, So können Sie selbst entdecken, wie man schauen muß. Und das heißt: ohne den Beobachter schauen.

Könnten Sie in dem von Ihnen besprochenen Zusammenhang die Beziehung zwischen Kontrolle und Zwang noch genauer erläutern?

Man muß die volle Bedeutung des Wortes »Kontrolle« erfassen, nicht nur gemäß dem Wörterbuch, sondern indem man versteht, wie der menschliche Geist konditioniert wurde zu kontrollieren. Kontrolle ist Unterdrückung. Hier haben wir den Zensor, den Kontrollierenden, die Spaltung, den Konflikt, den Zwang, das Zurückhalten, die Hemmung. Wenn man sich all dessen wirklich bewußt ist, wird der Geist sehr empfindsam und folglich höchst intelligent. Wir haben diese Intelligenz zerstört, die auch unserem Körper, unserem Organismus innewohnt. Wir haben sie durch unsere Vergnügungssucht und Begierden pervertiert. Und auch der Geist wurde über Jahrhunderte hinweg durch die Kultur, durch Ängste und Glaubenssysteme geformt, kontrolliert und konditioniert. Wenn man das erkennt, nicht theoretisch, sondern wirklich wahrnimmt, wird man entdecken, daß Empfindsamkeit intelligente Antworten gibt und zwar ohne Hemmung, Kontrolle, Unterdrückung oder Zwang. Doch man muß das Zustandekommen der Kontrolle, die soviel Unordnung in uns erzeugt hat, verstehen. Der Wille ist die Quelle des Widerspruchs und daher der Kontrolle. Schauen Sie sich das an, beobachten Sie es in Ihrem Leben, und Sie werden all das und noch mehr entdecken. Doch wenn Sie Ihre Entdeckung zu Wissen, zu totem Ballast werden lassen, sind Sie verloren. Denn Wissen ist nichts anderes als die Ansammlung von Assoziationen – eine endlose Kette. Wenn der Verstand sich darin verliert, wird Wandlung unmöglich.

Können Sie mir erklären, wie der Geist den Körper überwindet, so daß er schweben kann?

Interessiert Sie das wirklich? Ich weiß nicht, warum Sie schweben wollen. Wissen Sie, der Verstand sucht immer nach etwas Geheimnisvollem, etwas Verborgenem, das niemand außer Ihnen entdecken wird und das Ihnen ungeheure Bedeutung, Ruhm und Prestige verleihen soll. Sie werden zum »Mystiker«. Doch es ist ein wahres Mysterium, etwas wirklich Heiliges, wenn Sie dieses ganze Leben, diese ganze Existenz verstehen. Darin liegt große Schönheit, große Freude. Es gibt etwas Ungeheures, das das Unermeßliche genannt wird. Sie aber müssen das Meßbare verstehen. Das Unermeßliche ist nicht das Gegenteil des Meßbaren. Es existieren Photographien von Menschen, die schwebten. Der Sprecher hat das und andere ähnlich unwesentliche Dinge gesehen. Wenn Sie wirklich an Levitation interessiert sind – ich weiß zwar nicht, warum Sie es sein sollten, aber falls Sie es sind –, müssen Sie einen wunderbaren, höchst sensiblen Körper haben. Sie dürfen weder trinken noch rauchen, weder Drogen einnehmen noch Fleisch essen. Ihr Körper muß ungemein schmiegsam und gesund sein, er muß seine eigene, natürliche Intelligenz besitzen, nicht diejenige, die ihm vom Verstand aufgezwungen wurde. Und wenn Sie so weit gekommen sind, dann werden Sie vielleicht feststellen, daß Levitation überhaupt keinen Wert hat!

London *16. Mai 1970*

Wahrheit

Wahrheit ist nicht, »was ist«, aber zu verstehen, »was ist«, öffnet die Tür zur Wahrheit.

Es gibt verschiedene Dinge, über die wir sprechen sollten, wie die Erziehung, die Bedeutung von Träumen und die Frage, ob der menschliche Geist überhaupt jemals wirklich frei sein kann in einer Welt, die so mechanistisch und konformistisch geworden ist. Wir können uns dem Problem nähern, indem wir uns die Frage stellen, ob der Verstand frei von jeglichem Konformitätsdenken sein kann. Wir müssen uns dem gesamten Problem der Existenz stellen, nicht nur einem Teil, nicht nur der technischen Seite des Lebens und dem Geldverdienen für den Lebensunterhalt. Wir müssen uns auch mit der komplexen Frage, wie man die Gesellschaft verändern kann, beschäftigen. Wir müssen uns fragen, ob das durch eine äußere Revolution möglich ist oder ob es eine andere, eine innere Revolution gibt, die unweigerlich zu einer anderen Art von Gesellschaft führen wird. Wir sollten uns zunächst eingehend dieser Frage widmen und uns dann mit der Frage der Meditation beschäftigen. Weil – bitte verzeihen Sie, wenn ich das so sage – ich nicht glaube, daß Sie wissen, was Meditation beinhaltet. Die meisten von uns haben etwas darüber gelesen oder gehört und haben versucht, das zu praktizieren. Was der Redner über Meditation zu sagen hat, steht vielleicht in krassem Gegensatz zu allem, was Sie wissen oder praktizieren oder bisher erfahren haben. Man kann die Wahrheit nicht anstreben, deshalb muß man die Bedeutung von »suchen« verstehen. Es ist also eine sehr komplexe Frage. Meditation setzt höchste Sensibilität und eine ungeheure Stille voraus, die nicht von außen aufgezwungen ist, nicht durch Disziplin oder irgendeine Praxis erreicht wird. Sie kann es nur geben, sich nur einstellen, wenn wir in psychischer Hinsicht verstehen, wie wir wirklich leben können, denn unser Leben, so wie wir es täglich führen, ist ein einziger Konflikt; es besteht aus einer Abfolge von Anpassungen, Kontrollen, Unterdrückungen und aus dem Aufbegehren dagegen.

Es geht um die Frage, wie man ein vollkommen gewaltfreies Leben führen kann, denn solange man Gewalt nicht wirklich verstanden hat und frei von ihr ist, ist Meditation unmöglich. Sie können damit spielen, können in den Himalaya gehen, um zu lernen, wie man richtig atmet und sitzt, können ein wenig Yoga praktizieren und glauben, daß Sie nun wissen, was Meditation ist, aber das ist doch alles ziemlich kindisch. Um dieses außergewöhnliche Phänomen, genannt Meditation, wirklich erleben zu können, darf noch nicht einmal mehr der geringste Anflug von Gewalt im Geist vorhanden sein. Deshalb ist es sicherlich besser, über Gewalt zu sprechen und zu versuchen herauszufinden, ob der Geist tatsächlich völlig frei davon sein kann, als sich mit romantischen Vorstellungen in eine Art Betäubungszustand zu versetzen, den man dann Meditation nennt.

Es wurden viele Bücher über den menschlichen Hang zur Aggression geschrieben. Die Anthropologen liefern bestimmte Erklärungen, und jeder Experte legt sich seine eigene Theorie zurecht, die entweder bestreitet oder bestätigt, was den meisten von uns vom Verstand her klar ist: daß Menschen gewalttätig sind. Wir meinen, Gewalttätigkeit sei ein rein physischer Akt: Man zieht in den Krieg und tötet andere. Wir haben den Krieg als Teil des Lebens akzeptiert. Und da wir ihn akzeptiert haben, tun wir nichts dagegen. Vielleicht werden wir zufällig oder auch aus Engagement zu Pazifisten in einem Teilbereich unseres Lebens, aber sonst leben wir in Konflikt. Wir sind ehrgeizig, wir konkurrieren, wir strengen uns ungeheuer an, und diese Anstrengung führt zu Konflikten und ist bereits eine Form von Gewalt. Jeglicher Konformismus, jegliche Verzerrung, ob absichtlich oder unbewußt, ist Gewalt. Sich in eine vorgegebene

Struktur zwängen, sich einem Ideal, einem Prinzip anpassen, ist eine Form von Gewalt. Jegliche Verzerrung, die dadurch entsteht, daß wir nicht verstehen, »was ist«, und nicht darüber hinausgehen, ist eine Form von Gewalt. Ist es dennoch möglich, die Gewalt im eigenen Innern ohne Konflikt, ohne Widerstand zu beenden?

Wir sind an eine Gesellschaft, an eine Moral gewöhnt, die auf Gewalt beruht. Wir alle wissen das. Von Kindesbeinen an werden wir dazu erzogen, bewußt oder unbewußt gewalttätig zu sein, nachzuahmen, uns anzupassen. Wir wissen nicht, wie wir diesem Teufelskreis entrinnen können. Wir sagen uns, daß es unmöglich ist, daß der Mensch gewalttätig sein muß. Gewalt kann auch mit Samthandschuhen, unter dem Deckmantel der Höflichkeit, ausgeübt werden. Wir müssen uns also eingehend mit dieser Frage der Gewalt beschäftigen, denn ohne Angst und Gewalt zu verstehen, – wie kann es da Liebe geben? Kann der Geist, der die Anpassung an eine Gesellschaft, an ein Prinzip, an eine gesellschaftliche »Moral« – die keine ist – akzeptiert hat, der durch Religionen konditioniert wurde und die Idee eines Gottes übernahm oder ablehnte, – kann ein solcher Geist sich ohne jeglichen Kampf, ohne jeglichen Widerstand befreien? Gewalt erzeugt Gewalt, und Widerstand führt nur zu anderen Formen von Verzerrung.

Man muß keine Bücher lesen, muß nicht Professoren oder »Heiligen« zuhören, man kann einfach das eigene Bewußtsein beobachten. Das ist schließlich der Anfang der Selbsterkenntnis: Sich selbst erkennen – nicht durch das, was uns ein Psychologe oder Analytiker sagt, sondern einfach durch Selbstbeobachtung. Man kann sehen, wie stark der Geist konditioniert ist: Wir finden Nationalismus, Rassen- und Klassenunterschiede und all das. Wenn wir sie wahrnehmen, werden wir uns dieser Konditionierung, dieser ungeheuren Propaganda im Namen Gottes, im Namen des Kommunismus (oder was auch immer) bewußt, die die Menschen von Kindesbeinen an über Jahrhunderte hinweg geprägt hat.

Kann der Geist, indem er seine Konditionierung erkennt, sich von ihr befreien, sich von jeglichem konformen Denken befreien und so wahre Freiheit finden? Wie geht das? Wie können Sie oder ich uns dessen bewußt werden, während doch der eigene Geist massiv konditioniert ist, nicht nur oberflächlich sondern zutiefst? Wie kann man diese Konditionierung durchbrechen? Wenn dies nicht möglich ist, werden wir bis in alle Ewigkeit in völliger Anpassung dahinleben. Selbst wenn wir ein neues Muster, eine neue Gesellschaftsstruktur, ein neues Glaubenssystem, neue Dogmen und Parolen haben – es ist und bleibt Konformität. Wenn überhaupt ein sozialer Wandel stattfinden soll, muß sich die Erziehung grundlegend ändern. Die Kinder dürfen nicht länger zu Konformisten erzogen werden.

Wir müssen uns also fragen: Wie kann der Geist sich von seiner Konditionierung befreien? Ich weiß nicht, ob Sie das jemals versucht haben, ob Sie sehr weit dabei gegangen sind und zwar nicht nur auf der bewußten Ebene, sondern auch in den tieferen Schichten des Bewußtseins. Gibt es überhaupt eine Trennung zwischen diesen beiden Ebenen? Oder ist es ein einziger Bewußtseinsstrom – von dem uns nur die Bewegung der Oberfläche bewußt ist –, der ausgerichtet wurde, sich den Erfordernissen einer bestimmten Gesellschaft oder Kultur anzupassen?

Wie wir bereits sagten, lauschen wir hier nicht einfach ein paar Worten oder Ideen, denn das hat überhaupt keinen Wert. Doch wenn Sie an dem, was gesagt wird, Anteil nehmen, wenn wir es miteinander teilen, gemeinsam daran arbeiten, werden Sie selbst herausfinden, wie Sie diesen gesamten Bewußtseinsstrom ohne Trennung, ohne Spaltung wahrnehmen können. Denn immer, wenn irgendeine Trennung vorgenommen wird, – sei es auf rassischer, intellektueller, emotionaler Ebene oder sei es durch die Aufspaltung in Gegensätze: das Ich und das Nicht-Ich, das höhere Selbst und das niedere Selbst, – müssen unweigerlich Konflikte entstehen. Konflikte sind Energieverschwendung, und um das alles verstehen zu können, brauchen Sie eine Menge Energie.

Doch wie kann der Geist, der so konditioniert ist, sich selbst beobachten, ohne in die Spaltung zwischen dem Betrachter und dem Betrachteten zu verfallen? Der Raum zwischen dem Betrachter und dem Betrachteten, die Distanz, das Zeitintervall ist ein Widerspruch und in der Tat die Quelle der Spaltung. Wenn also der Betrachter sich vom Betrachteten abtrennt, übernimmt er nicht nur die Rolle des Zensors, sondern verursacht auch diese Dualität und folglich den Konflikt.
Kann der Geist sich also selbst beobachten, ohne die Spaltung zwischen Betrachter und betrachtetem Objekt vorzunehmen? Verstehen Sie dieses Problem? Wenn Sie beobachten, daß Sie eifersüchtig oder neidisch sind – eine sehr weit verbreitete Erscheinung – und sich dessen bewußt sind, kommt immer der Beobachter und sagt: »Ich darf nicht eifersüchtig sein.« Oder der Beobachter liefert einen Grund für die Eifersucht und rechtfertigt sie – ist es nicht so? Da ist der Beobachter und dort das Beobachtete, und der Beobachter betrachtet die Eifersucht als etwas von ihm Getrenntes, das er zu kontrollieren versucht, das er loswerden möchte. Daher besteht ein Konflikt zwischen dem Betrachter und dem Betrachteten. Der Betrachter ist nur ein Teil unter den vielen, aus denen wir bestehen.
Kommunizieren wir wirklich miteinander? Verstehen Sie, was wir mit »kommunizieren« meinen? Es bedeutet miteinander teilen, nicht einfach etwas verbal verstehen oder intellektuell ergründen. Intellektuell kann man überhaupt nichts verstehen, insbesondere nicht die tiefen, grundlegenden menschlichen Probleme, die uns beschäftigen. Wenn Sie die Wahrheit, daß Trennung jeglicher Art unweigerlich Konflikte hervorbringt, wirklich verstehen, werden Sie erkennen, daß Trennung fehlgeleitete Energie ist und daher zu Verzerrungen, zu Gewalt und zu allem führt, was aus Konflikten folgt. Wenn Sie das wirklich verstehen, nicht nur verbal, sondern tatsächlich , dann werden Sie in der Lage sein, ohne Zeitintervall, ohne Raum zwischen Beobachter und Beobachtetem zu schauen. Sie werden in der Lage sein, die Konditionierung, die Gewalttätigkeit, die Unterdrückung, die

Brutalität, die schrecklichen Dinge zu sehen, die in der Welt und in Ihnen selbst vor sich gehen. Tun Sie das jetzt, während wir miteinander sprechen? Sagen Sie nicht sofort »ja«, denn es gehört zum Schwierigsten, ohne den Beobachter zu beobachten, ohne das Sprachzentrum, ohne den Speicher an Wissen, das unsere Vergangenheit ist, ohne den Raum zwischen dem Beobachter und dem Gegenstand der Beobachtung. Tun Sie es – schauen Sie einen Baum, eine Wolke, die Schönheit des Frühlings, die neuen Blätter an, und Sie werden sehen, was für außergewöhnliche Dinge das sind. Dann werden Sie auch erkennen, daß Sie den Baum bisher noch niemals gesehen haben – noch niemals!
Beim Betrachten nehmen Sie die Dinge stets im Vergleich zu einem Bild oder als ein vorgefertigtes Bild wahr. Sie haben ein Bild, das sich aus Ihrem Wissen geformt hat, wenn Sie einen Baum oder Ihre Frau oder Ihren Mann anschauen. Sie haben sich Ihr Bild davon gemacht, wer sie oder er sei. Dieses Bild hat sich im Laufe von zwanzig, dreißig oder vierzig Jahren geformt. Ein Bild betrachtet also ein anderes Bild, und diese Bilder unterhalten Beziehungen, doch eine echte Beziehung findet nicht statt. Werden Sie sich dieser einfachen Tatsache bewußt, daß wir fast alles in unserem Leben durch Bilder, mit Vorurteilen, mit vorgefertigten Vorstellungen anschauen. Wir schauen niemals mit klaren Augen, unser Geist ist niemals jung.
So müssen wir also uns selbst, unsere Gewaltbereitschaft und unsere immense Vergnügungssucht betrachten, die mit Angst, mit Frustration, mit der Qual der Einsamkeit, dem Fehlen von Liebe und mit Verzweiflung einhergeht. Und es erfordert höchste Disziplin, diese gesamte innere Struktur ohne den Beobachter zu betrachten, sie zu sehen, wie sie ist, ohne jegliche Verzerrung, ohne Verurteilung, Verdammung oder Vergleich, ohne all diese Denkprozesse des Beobachters, der die Welt in »Ich« und »Nicht-Ich« aufspaltet. Wir gebrauchen das Wort »Disziplin« nicht im Sinne von Konformität oder Zwang, es geht nicht um eine Disziplin, die durch Belohnung oder Bestrafung erreicht wird. Um irgend etwas beobachten, sehen zu können – Ihre Frau, Ihren

Nachbarn oder eine Wolke am Himmel –, muß man einen sehr empfänglichen Geist haben. Und dieser Akt des Beobachtens bringt seine eigene Disziplin mit sich, die nichts mit Konformität zu tun hat. Die höchste Form der Disziplin ist also keine Disziplin. Dieses Phänomen, genannt Gewalt, ohne Spaltung, ohne den Beobachter zu sehen, – die Konditionierung, das Glaubensmuster, die Meinungen und Vorurteile zu sehen, – heißt sehen, was man selbst ist, sehen »was ist«. Wenn Sie das aus der Spaltung heraus beobachten, sagen Sie: »Es ist unmöglich, sich zu ändern.« Der Mensch lebt seit Jahrtausenden auf diese Weise, und Sie fahren damit fort. Doch es raubt Ihnen Energie, wenn Sie sagen: »Es ist unmöglich.« Nur wenn Sie sehen können, was in höchster Form möglich ist, haben Sie eine Menge Energie zur Verfügung.
Man muß also tatsächlich beobachten, »was ist«, und nicht das Bild, das man davon hat. Sie müssen sehen, was Sie wirklich sind. Sagen Sie niemals: »Es ist häßlich.« oder »Es ist schön.« Sie wissen nur durch Vergleichen, was Sie sind. Sie sagen: »Ich bin schwerfällig« im Vergleich zu jemand, der sehr intelligent, sehr lebendig ist. Haben Sie jemals versucht zu leben, ohne sich mit irgend jemand oder irgend etwas zu vergleichen? Was sind Sie dann? Dann ist das, was Sie sind, das »was ist«. Dann können Sie darüber hinausgehen, können herausfinden, was Wahrheit ist! Der Schlüssel zur Befreiung des Geistes von Konditionierung liegt also in der Art des Beobachtens.
Haben Sie sich je gefragt, was Liebe ist, haben Sie darüber nachgedacht, sind Sie dieser Frage je auf den Grund gegangen? Ist Liebe Lust? Ist sie Verlangen? Ist Liebe etwas, das man kultivieren kann, das in den Augen der Gesellschaft achtbar sein muß? Nach allem, was man beobachten kann,ist sie offensichtlich Lust – nicht nur sexuelle Lust, sondern auch moralisch akzeptierte Lust am Gelingen, am Erfolg, am Aufstieg, am Status, was wiederum Konkurrenz und Konformität mit sich bringt. Aber ist das Liebe? Kann ein ehrgeiziger Mensch, ja selbst ein Mensch, der sagt: »Ich muß die Wahrheit finden.«, der nach dem strebt, was er für die Wahrheit hält – kann der wissen, was Liebe ist?

Sollten wir nicht mit Intelligenz an diese Frage herangehen? Das heißt, sollten wir nicht zunächst sehen, was Liebe nicht ist? Durch das Negative kommen wir zum Positiven. Wir negieren alles, was nichts mit Liebe zu tun hat. Eifersucht ist nicht Liebe, die Erinnerung an sexuelle oder andere Lust ist nicht Liebe, das Kultivieren von Tugenden und das ständige Bemühen um Vortrefflichkeit ist nicht Liebe. Und was bedeutet es, wenn Sie sagen: »Ich liebe dich?« Das Bild, das Sie sich von ihm oder ihr gemacht haben, die sexuelle Lust und all das, die Geborgenheit, die Partnerschaft als Mittel gegen Einsamkeit oder gegen die Angst vor Einsamkeit, der ständige Wunsch, geliebt zu werden, zu besitzen, besessen zu werden, das Verlangen zu dominieren, sich durchzusetzen, die Aggression – hat all das mit Liebe zu tun? Wenn Sie nicht nur verbal, sondern wirklich verstehen, wie absurd das ist, wieviel Unsinn über die Liebe geredet wird – Liebe zum eigenen Land, Liebe zu Gott –, wenn Sie das ganze sinnliche Verlangen darin erkennen (wir verdammen Sexualität nicht, wir beobachten sie), wenn Sie also all das tatsächlich beobachten, wie es ist, dann erkennen Sie, daß Ihre Liebe zu Gott der Angst entspringt, daß Ihre »Wochenend-Religiosität« Angst ist. Das total sehen zu können, setzt das Fehlen von Spaltung voraus. Güte gedeiht dort, wo keine Spaltung ist; Sie müssen Güte nicht kultivieren. Kann also der Geist, der Verstand und Gemüt umfaßt, total beobachten, was er Liebe nennt, mit all dem damit verbundenen Unglück, mit all der Kleinkariertheit und bürgerlichen Mittelmäßigkeit? Wenn man das beobachtet, muß man alles negieren, was nicht Liebe ist.

Sie wissen, daß ein großer Unterschied zwischen Freude und Vergnügen besteht. Lust und Vergnügen können Sie kultivieren, Sie können in Gedanken daran schwelgen und mehr davon haben. Gestern hatten Sie Ihr Vergnügen, und Sie können darüber nachdenken, können es im Geiste widerkäuen, und Sie werden danach verlangen, es morgen zu widerholen. Hinter Lust und Vergnügen steckt Besitzgier, Dominanzstreben, Konformitätsdenken. Hitler, Mussolini, Stalin und andere zwangen Menschen zur Konformität, weil sie große Sicherheit und Schutz verspricht. Wenn Sie all das erkennen, wenn Sie tatsächlich und nicht nur gedanklich frei davon sind, wenn Sie wirklich niemals eifersüchtig sind, niemals dominieren oder sich besitzen lassen, wenn Ihr Geist all das hinweggefegt hat, dann wissen Sie, was Liebe ist, Sie brauchen nicht danach zu suchen.

Wenn der Geist die Bedeutung des Wortes Liebe verstanden hat, muß man zwangsläufig fragen: Was ist der Tod? Denn Liebe und Tod gehören zusammen. Wenn der Geist nicht fähig ist, der Vergangenheit zu sterben, weiß er nicht, was Liebe ist. Liebe wird von der Zeit nicht berührt, sie ist nicht etwas, das man im Gedächtnis bewahren kann. Man kann Freude nicht in der Erinnerung bewahren und kultivieren, sie kommt stets unerwartet.

Was also ist der Tod? Ich weiß nicht, ob Sie den Tod schon einmal beobachtet haben, nicht das Sterben eines anderen, sondern Ihr eigenes Sterben? Eines der schwierigsten Dinge ist, sich nicht mit etwas zu identifizieren. Die meisten von uns identifizieren sich mit ihrem Besitz, ihrem Haus, ihrer Frau oder ihrem Mann, mit ihrer Regierung, ihrem Land, mit dem Bild, das sie von sich selbst haben oder mit etwas Größerem – dies Größere ist vielleicht eine ausgeweitete Stammeszugehörigkeit, also die Nation. Oder sie identifizieren sich mit einer bestimmten Eigenschaft oder einem bestimmten Bild. Sich nicht mit seinen Möbeln, seinem Wissen, seinen Erfahrungen, seiner Fertigkeit, seinem technischen Können als Wissenschaftler oder Ingenieur zu identifizieren, jegliche Identifikation zu beenden, ist eine Art Tod. Tun Sie das bei Gelegenheit, und Sie werden entdecken, was es bedeutet: keine Bitterkeit, keine Hoffnungslosigkeit, keine Verzweiflung, sondern eine außergewöhnliche Empfindung – einen Geist, der vollkommen frei ist zu beobachten – und daher frei zu leben.

Unglücklicherweise haben wir Leben und Tod getrennt. Wir fürchten uns davor, »nicht mehr am Leben zu sein«, nicht an dem teilzuhaben, was wir so Leben nennen. Doch wenn Sie dieses »Leben« wirklich untersuchen, nicht theoretisch, sondern es mit

Ihren eigenen Augen und Ohren, mit allen Ihren Sinnen wahrnehmen, dann erkennen Sie, wie schäbig es ist, wie unbedeutend, kleinkariert und seicht. Vielleicht besitzen Sie einen Rolls Royce, ein großes Haus, einen wunderhübschen Garten, einen Titel, einen akademischen Grad, doch in Ihrem Innern findet ein unaufhörlicher Kampf statt, ein ständiges Tauziehen zwischen Widersprüchen, einander widerstreitenden Sehnsüchten und unzähligen Wünschen.

Das nennen wir Leben, und daran klammern wir uns. Alles, was diesem ein Ende setzt, nennen wir Tod, es sei denn, man identifiziert sich ausschließlich mit dem Körper (obwohl auch der physische Organismus stirbt). Und da wir solche Angst vor jedem Ende haben, glauben wir an alles mögliche. Das sind alles Ausflüchte, einschließlich des Glaubens an Reinkarnation. Das einzige, was wirklich zählt, ist, wie Sie jetzt leben, nicht, was Sie im nächsten Leben sein werden. Die Frage ist, ob der menschliche Geist gänzlich frei von Zeit leben kann. Man muß wirklich verstehen, was es mit der Vergangenheit auf sich hat, wie die Vergangenheit, das Gestern, über das Heute das Morgen formt – aus dem, was gestern war. Kann dieser Geist, der ja ein Produkt der Zeit, der Evolution ist, frei von der Vergangenheit sein – nämlich sterben? Nur dem menschlichen Geist, der zu sterben versteht, kann sich erschließen, was wir Meditation nennen. Der Versuch zu meditieren, ohne dies zu verstehen, ist nichts als kindische Schwärmerei. Wahrheit ist nicht das, »was ist«, aber zu verstehen »was ist«, öffnet die Tür zur Wahrheit. Wenn Sie nicht wirklich mit Ihrem Herzen und Ihrem Verstand, mit Ihrem Fühlen und Ihrem Denken erfassen, »was ist«, was Sie sind, können Sie nicht verstehen, was Wahrheit ist.

Wenn ich Sie hier im Saal sprechen höre, wird alles so einfach und klar. Doch in dem Moment, in dem ich den Saal verlasse, kommen ich ins Schwimmen, und ich weiß nicht, was ich tun soll, wenn ich allein bin.

Schauen Sie, was der Sprecher gesagt hat, ist sehr klar. Er weist Sie auf das hin, »was ist« – es gehört Ihnen, es ist nicht in diesem Saal, nicht an den Sprecher gebunden. Der Sprecher macht hier keine Propaganda, er will nicht das geringste von Ihnen, weder Ihre Bewunderung, noch Ihre Beleidigungen, noch Ihren Applaus. Es gehört Ihnen, es ist Ihr Leben, Ihr Leid, Ihre Verzweiflung. Dies müssen Sie verstehen, und zwar nicht nur hier. Hier wurden Sie vielleicht ein paar Minuten lang mit sich selbst konfrontiert, weil Sie in die Enge getrieben wurden. Aber wenn Sie den Saal verlassen, geht es erst richtig los! Wir versuchen nicht Ihnen nahezulegen, auf diese oder jene Weise zu handeln oder zu denken – das wäre Propaganda. Aber wenn Sie mit Ihrem Herzen und einem wachen Geist – unbeeinflußt – zugehört haben, wenn Sie wirklich beobachtet haben, dann wird »was ist« Sie überallhin begleiten, wenn Sie diesen Raum verlassen, weil es Ihnen gehört, weil Sie verstanden haben.

Welche Rolle hat der Künstler?

Unterscheiden sich Künstler wirklich so sehr von anderen Menschen? Weshalb teilen wir die Menschen überhaupt in Kategorien wie den Wissenschaftler, den Künstler, die Hausfrau, den Arzt ein? Ein Künstler ist vielleicht ein wenig empfindsamer, beobachtet vielleicht mehr, ist vielleicht ein wenig lebendiger. Doch auch er hat seine menschlichen Probleme. Er malt vielleicht herrliche Bilder, schreibt wunderbare Gedichte oder stellt schöne Dinge mit seinen Händen her, aber er ist dennoch ein menschliches Wesen – angespannt, voller Furcht, Eifersucht und Ehrgeiz. Wie kann ein »Künstler« ehrgeizig sein? Sobald er das ist, ist er kein Künstler mehr. Der Geiger oder Pianist, der sein Instrument um des Geldes oder des Ruhmes willen benutzt – man muß sich das einmal vorstellen –, ist kein Musiker. Ist etwa der Wissenschaftler, der für die Regierung, die Gesellschaft oder für den Krieg arbeitet, ein Wissenschaftler? Dieser Mann, der zu wissen und zu verstehen sucht, ist korrupt geworden wie andere Menschen. Vielleicht leistet er hervorragende Arbeit in seinem Labor oder drückt sich wundervoll auf der Leinwand aus, aber innerlich ist er zerrissen wie alle anderen, ist er kleinkariert, schäbig, angespannt und furchtsam. Ein Künstler, ein menschliches Wesen ist als Individuum sicherlich ein unteilbares vollständiges Ganzes. »Individuell« bedeutet ungeteilt, doch das sind wir nicht. Wir sind zerrissene, gespaltene Menschen, der Geschäftsmann wie der Künstler, der Arzt wie der Musiker. Und deshalb führen wir ein Leben.... – aber das brauche ich Ihnen nicht zu beschreiben, das wissen Sie selbst.

Nach welchen Kriterien soll man zwischen verschiedenen Möglichkeiten wählen?

Weshalb wählen Sie überhaupt? Wenn Sie etwas ganz klar sehen, wozu brauchen Sie dann zu wählen? Bitte hören Sie genau zu. Nur ein verwirrter, unsicherer, unklarer Geist wählt. Ich spreche nicht von der Wahl zwischen Rot oder Schwarz, sondern vom psychischen Wählen. Weshalb sollten Sie wählen, wenn Sie nicht verwirrt sind? Besteht wirklich irgendeine Notwendigkeit zu wählen, wenn Sie etwas sehr klar und ohne jegliche Verzerrung sehen? Dann gibt es keine Alternativen. Es gibt physische Alternativen, wenn man sich zwischen zwei Straßen entscheiden muß – Sie können in die eine oder die andere Richtung fahren. Doch auch in einem gespaltenen, verwirrten Geist existieren Alternativen, deshalb befindet er sich ja im Konflikt, deshalb ist er gewalttätig. Es ist der gewalttätige Verstand, der sagt: »Ich will in Frieden leben.«, doch seine Reaktionen sind gewalttätig. Wenn Sie aber die gesamte Struktur der Gewalt, von ihrer brutalsten bis hin zu ihrer subtilsten Form, ganz klar sehen, dann sind Sie frei davon.

Wann kann man sie je als Ganzes sehen?

Haben Sie je einen Baum in seiner Ganzheit betrachtet?

Ich weiß nicht.

Tun Sie es einmal, falls Sie an diesen Dingen interessiert sind.

Ich dachte immer, ich hätte ihn total gesehen, bis zum nächsten Mal.

Fangen wir doch einmal mit dem Baum an, einem ganz objektiven Gegenstand. Beobachten Sie ihn als Ganzes, und das heißt, ohne den Beobachter, ohne die Spaltung. Was nicht bedeutet, daß Sie sich mit dem Baum indentifizieren, Sie werden nicht zum Baum, das wäre ja absurd. Doch ihn zu beobachten bedeutet, ihn ohne die Spaltung zwischen sich und Baum zu betrachten. ohne die Distanz, die der »Beobachter« durch sein Wissen, seine Gedanken, seine Vorurteile über diesen Baum geschaffen hat. Und tun Sie es nicht, wenn Sie wütend, eifersüchtig, verzweifelt oder hoffnungsvoll sind – Hoffnung ist nur das Gegenteil von Verzweiflung, und deshalb ist es gar keine Hoffnung. Wenn Sie den Baum betrachten, müssen Sie ihn ohne diese Spaltung, ohne den trennenden Raum sehen, dann können Sie ihn in seiner Gesamtheit wahrnehmen.
Wenn Sie Ihre Frau, Ihren Freund, Ihren Ehemann oder wen auch immer, ohne das Bild, ohne diesen Ballast aus der Vergangenheit anschauen, werden Sie sehen, daß etwas Außergewöhnliches geschieht. So etwas haben Sie in Ihrem ganzen Leben noch nie gesehen. Doch um total wahrnehmen zu können, muß die Spaltung aufgehoben sein. Manche Menschen nehmen LSD und andere Drogen, um den Raum zwischen dem Beobachter und dem Beobachteten aufzuheben. Ich habe soetwas nicht genommen. Wenn Sie einmal mit dem Spiel anfangen, sind Sie verloren, dann werden Sie für immer abhängig, und das bringt viel Leid mit sich.

In welcher Beziehung steht das Denken zur Realität?

In welcher Beziehung steht das Denken zur Zeit, zum Meßbaren und zum Unermeßlichen? Was ist das Denken? Denken entspringt ganz offensichtlich dem Gedächtnis. Wenn Sie kein Gedächtnis hätten, wären Sie überhaupt nicht in der Lage, zu denken, Sie befänden sich in einem Zustand der Amnesie. Das Denken ist immer alt, ist niemals frei, kann niemals neu sein. Wenn das Denken zum Stillstand kommt, kann man etwas Neues entdecken, aber es ist unmöglich, mit Hilfe des Denkens etwas Neues zu entdecken. Ist das klar? Bitte stimmen Sie mir nicht einfach zu. Wenn Sie eine Frage stellen und mit dieser Frage vertraut sind, kommt Ihre Antwort sofort, unmittelbar. »Wie heißen Sie?« Sie antworten sofort. »Wo wohnen Sie?« Ihre Antwort kommt spontan. Doch eine komplexere Frage erfordert mehr Zeit, und während dieser Zeit sucht das Denken und versucht sich zu erinnern.

So orientiert sich also das Denken in seinem Verlangen, die Wahrheit herauszufinden, stets an der Vergangenheit. Das ist die Schwierigkeit beim Suchen. Wenn Sie etwas suchen, müssen Sie in der Lage sein, das wiederzuerkennen, was Sie gefunden haben, und alles, was Sie wiedererkennen können, gehört der Vergangenheit an. Denken ist also gleichbedeutend mit Zeit, das ist so offensichtlich und einfach, nicht wahr? Gestern machten Sie eine wunderschöne Erfahrung, Sie denken darüber nach, und Sie möchten diese Erfahrung morgen wiederholen. Der Verstand, der über ein angenehmes Erlebnis nachdenkt, möchte morgen das gleiche. Deshalb bilden »morgen« und »gestern« jene Zeitspanne, in der Sie dieses Vergnügen haben wollen, in der Sie darüber nachdenken. Denken ist also Zeit. Und das Denken kann niemals frei sein, weil es stets dem Vergangenen entspringt. Wie kann es irgend etwas Neues entdecken? Das ist nur möglich, wenn der Geist vollkommen still ist. Nicht, weil er etwas Neues entdecken will, denn dann würde ein Motiv Stille bewirken, und somit wäre es keine Stille.

Wenn Sie das verstehen, haben Sie alles verstanden und sich gleichzeitig Ihre Frage beantwortet. Sehen Sie, wir setzen das Denken stets ein, um etwas zu finden, um zu fragen, zu untersuchen, zu schauen. Meinen Sie, das Denken kann jemals wissen, was Liebe ist? Denken kann das Vergnügen dessen kennen, was es Liebe nennt, und im Namen der Liebe immer wieder nach diesem Vergnügen verlangen. Doch da Denken ein Produkt der Zeit, ein Produkt des Messens ist, kann es unmöglich das erfassen, was nicht messbar ist. Also stellt sich die Frage: Wie kann man das Denken zum Schweigen bringen? Man kann es nicht. Vielleicht sprechen wir darüber ein anderes Mal.

Brauchen wir Regeln, nach denen wir leben sollen?

Meine Dame, Sie haben wohl überhaupt nicht gehört, was ich hier während dieses Gesprächs gesagt habe! Wer soll die Regeln festlegen? Die Kirchen haben das getan, diktatorische Regierungen haben das getan, oder Sie selbst haben Regeln für Ihr eigenes Benehmen, Ihr eigenes Verhalten festgelegt. Und Sie wissen, was dabei herauskommt: ein endloser Kampf zwischen dem, was Sie sind, und dem, was Sie Ihrer Meinung nach sein sollten. Was ist wichtiger? Zu verstehen, was man sein sollte, oder, was man ist?

Was bin ich?

Wir wollen es herausfinden. Ich habe Ihnen gesagt, was Sie sind: Ihr Land, Ihre Möbel, Ihre Bilder, Ihr Ehrgeiz, Ihr Ansehen, Ihre Rasse, Ihre Empfindlichkeiten und Vorurteile, Ihre fixen Ideen – Sie wissen, was Sie sind! Mit all diesem Ballast wollen Sie die Wahrheit, Gott, die Wirklichkeit finden. Und weil der Verstand nicht weiß, wie er sich von all diesem befreien kann, erfinden Sie etwas, eine äußere Instanz oder einen Lebenssinn. Wenn Sie also die Natur des Denkens verstehen, – nicht verbal, sondern sich ihrer wirklich bewußt sind – dann schauen Sie sich Ihre Vorurteile an, und Sie werden sehen, daß Ihre Religion ein Vorurteil ist, ebenso wie die Identifikation mit Ihrem Land ein Vorurteil ist. Wir haben so viele Meinungen, so viele Vorurteile. Betrachten Sie sich einfach eines davon total, mit Ihrem Herzen, mit Ihrem Bewußtsein, mit Liebe – gehen Sie sorgsam damit um und schauen Sie es an. Sagen Sie nicht: »Ich darf nicht.« oder

»Ich muß.« – schauen Sie es einfach an. Dann werden Sie erkennen, wie Sie ohne jedes Vorurteil leben können. Und nur ein Bewußtsein, das frei von Vorurteilen, frei von Konflikten ist, kann die Wahrheit erkennen.

London *27. Mai 1970*

Religiöser Geist

Der religiöse Geist ist sich selbst ein Licht.
Sein Licht wird nicht von einem anderen entzündet –
die Kerze, die von einem anderen angezündet wird,
kann sehr schnell verlöschen.

Sollen wir über Meditation sprechen? Es ist ein großer Unterschied, ob man über etwas spricht oder es tut. Wenn wir uns in dieses komplexe Phänomen vertiefen, dürfen wir uns nicht auf das Verstehen von Worten beschränken, sondern müssen meiner Auffassung nach über die Worte hinausgehen. Meditation beinhaltet verschiedene Dinge. Um sie wirklich zu verstehen – nicht nur intellektuell oder verbal oder theoretisch –, um wirklich zu meditieren, braucht man eine besondere Qualität der Ernsthaftigkeit, die mit großer Intelligenz und mit Humor gepaart sein muß.

Zuallererst muß man untersuchen, was religiöser Geist überhaupt ist – nicht, was Religion ist, sondern, was jene Qualität des Geistes und des Herzens ausmacht, die religiös ist. Dem Wort »Religion« kann man je nach der eigenen Konditionierung sehr viele Bedeutungen geben. Man kann Religion in einem emotionalen, sentimentalen oder andächtigen Sinn akzeptieren oder eine religiöse Haltung, einen religiösen Lebensstil vollkommen ablehnen, wie es viele Menschen tun. Viele schämen sich sogar, über religiöse Dinge zu sprechen. Doch religiöser Geist hat nicht das geringste mit einem Glauben an Gott zu tun, es hat nichts mit Theorien, Philosophien oder Überzeugungen zu tun, da es furchtlos ist und folglich keinen Glauben braucht.

Religiöser Geist ist schwer zu beschreiben, denn die Beschreibung kann nie das Beschriebene sein. Doch wenn man empfänglich, wach und ernsthaft ist, kann man sich hineinfühlen.

Vor allem kann man keiner organisierten Religion angehören. Ich glaube, das fällt den meisten Menschen sehr schwer, sie möchten sich an irgendeine Hoffnung, einen Glauben, irgendeine Theorie oder Überzeugung klammern – oder an eine eigene Erfahrung, der sie eine religiöse Bedeutung geben. Jede Art von Ergebenheit und damit jegliche Abhängigkeit von einer eigenen, besonderen, verschwiegenen Erfahrung oder den gesammelten Erfahrungen der sogenannten Heiligen und Mystiker, der persönlichen Gurus oder Lehrer muß absolut und vollkommen aufgegeben werden. Ich hoffe, das tun Sie, denn ein religiöser Geist ist weder durch Angst belastet, noch sucht es Sicherheit oder Vergnügen. Um herauszufinden, was Meditation ist, muß der Geist völlig unbelastet von Erfahrungen sein. Die Suche nach Erfahrungen führt nur in die Illusion.

Es ist sehr schwer, das Verlangen nach Erlebnissen ganz aufzugeben, denn unser Leben ist größtenteils so mechanisch, so seicht, daß wir uns tiefere Erfahrungen wünschen. Die Oberflächlichkeit unseres Lebens ödet uns an. Wir verlangen, ja wir hungern nach etwas, das uns Bedeutung, Erfüllung, Tiefe, Schönheit und Anmut verspricht, und so macht sich der Verstand auf die Suche. Und er findet, was er sucht, doch was er findet, ist nicht die Wahrheit. Stimmen Sie all dem zu, oder lehnen Sie es ab? Bitte tun Sie weder das eine noch das andere, es geht hier nicht darum, was Ihnen oder mir genehm ist, denn bei dem, was hier besprochen wird, gibt es keinerlei Autorität – weder die des Sprechers, noch die eines andern. Wissen Sie, die meisten von uns wünschen sich jemanden, der sie führt, sie anleitet, ihnen hilft, und wir investieren Glauben und Vertrauen in diese Person oder dieses Ideal oder Prinzip oder Bild. Dadurch entsteht gegenseitige Abhängigkeit. Ein Geist, der von Autoritäten abhängt und folglich nicht für sich alleine stehen kann, der unfähig ist zu verstehen, der unfähig ist, direkt zu schauen, hat unweigerlich Angst, den falschen Weg zu wählen, das Falsche zu tun, den versprochenen oder erhofften Zustand der Ekstase nicht zu erreichen. Solche Formen von Autorität müssen ausnahmslos verschwinden, und das bedeutet: furchtlos sein, von niemandem abhängig sein (es gibt keinen Guru) und einen Geist haben, der nicht nach Erfahrungen sucht. Denn das Verlangen nach einem Erlebnis zeigt, man will Vergnügen oder wie man es auch nennen mag: Ekstase, Glück, letzte Wahrheit, Erleuchtung.

Wie weiß der Suchende, was er gefunden hat, und ob das, was er fand, die Wahrheit ist? Kann der suchende, forschende Geist überhaupt etwas Lebendiges finden, etwas, das ständig in Bewegung, an keinen Ort fixiert ist? Der religiöse Geist hängt niemals irgendeiner Gruppe, einer Sekte, einem Glaubenssystem, einer Kirche oder irgendeinem anderen organisierten Zirkus an. Deshalb ist er in der Lage, die Dinge direkt anzuschauen und unmittelbar zu verstehen. Das ist religiöser Geist, denn er ist sich selbst ein Licht. Sein Licht wird nicht von einem anderen entzündet – die Kerze, die ein anderer anzündet, kann sehr schnell verlöschen. Die meisten unserer Glaubenssätze, Dogmen und Rituale sind das Produkt von Propaganda und haben absolut nichts mit einem religiösen Leben zu tun. Ein religiöser Geist ist sich selbst ein Licht und kennt deshalb keine Bestrafung oder Belohnung.

Meditation ist das Leeren des Geistes, das völlige Leeren. Der Inhalt des Geistes entstand im Laufe der Zeit, als Ergebnis der sogenannten Entwicklung; er ist die Summe von tausend Erfahrungen, ist eine ungeheure Anhäufung von Wissen und Erinnerungen. Der Geist trägt so schwer an der Vergangenheit, weil alles Wissen Vergangenheit ist, alle Erfahrungen Vergangenheit sind und das gesamte Gedächtnis die Summe von tausend Erfahrungen ist – also das Bekannte. Kann der Geist, der sowohl das Bewußte als auch das Unbewußte umfaßt, sich der Vergangenheit völlig entledigen? Um nichts anderes geht es in der Meditation. Wenn der Geist sich seiner ohne jede Absicht bewußt ist und alle seine Bewegungen wahrnimmt, kann dann diese Achtsamkeit den Geist vollkommen leeren? Denn selbst wenn nur die geringsten Überreste der Vergangenheit zurückbleiben,

kann der Geist nicht unschuldig sein. Meditation ist also das totale Leeren des Geistes.
Es wurde schon soviel über Meditation gesagt, ganz besonders im Osten; es gibt so viele verschiedene Schulen, Disziplinen, es wurden so viele Bücher über richtiges Meditieren und richtiges Handeln geschrieben. Woher wissen Sie, ob das Gesagte richtig oder falsch ist? Wenn der Sprecher sagt, Meditation ist das völlige Leeren des Geistes – woher wissen Sie, ob das wahr ist? Woraufhin? Wegen Ihrer persönlichen Voreingenommenheit, Ihrer persönlichen Vorliebe für das Gesicht des Mannes, der zu Ihnen spricht? Sind Sie von seinem Ruf oder von seiner einfühlsamen, freundlichen Art beeindruckt? Woher wissen Sie es? Müssen Sie die ganzen Systeme, die ganzen Schulen ausprobieren? Müssen Sie Lehrer finden, die Ihnen beibringen, wie man meditiert, bevor Sie herausfinden können, was Meditation ist? Oder können Sie das auch ohne alle diese Leute herausfinden, die Ihnen sagen, was Sie tun sollen?
Ich sage das völlig undogmatisch: Hören Sie auf niemanden – auch nicht auf den Sprecher, besonders auf den Sprecher nicht –, denn Sie sind sehr leicht zu beeinflussen, weil Sie alle etwas wollen, weil Sie nach etwas hungern: nach Erleuchtung, Freude, Ekstase, Seligkeit hungern. Sie sind sehr leicht einzufangen. Sie müssen es also ganz für sich allein herausfinden. Und deshalb besteht auch überhaupt kein Grund, nach Indien oder in irgendein Zen-Kloster zu gehen, um zu meditieren oder zu irgendeinem Lehrer aufzuschauen. Denn wenn Sie wirklich zu schauen verstehen, liegt alles in Ihnen. Befreien Sie sich also von jeglicher Autorität, schauen Sie zu niemandem auf, denn die Wahrheit gehört niemandem, sie ist keine persönliche Angelegenheit. Meditation ist kein privates, persönliches Vergnügen oder Erlebnis.
Wir sehen also, uns fehlt die große Harmonie zwischen Verstand, Gemüt und Körper – falls man diese Einteilung machen kann, oder wenn Sie die Formulierung vorziehen – sie fehlt uns psychosomatisch. Diese vollständige Harmonie ist offenbar notwendig, weil jeglicher Widerspruch, jegliche Spaltung Konflikte mit

sich bringt. Konflikte sind reine Energieverschwendung, und man braucht ungeheure Energie, um zu meditieren. Harmonie ist also unerläßlich, damit Geist, Verstand, Organismus und Herz ein Ganzes bilden und nicht zu Teilen zerbrochen sind. Das können Sie selbst erkennen, das braucht Sie niemand lehren. Doch wie man diese Harmonie zustande bringt, ist eine ganz andere Sache. Vollkommene Harmonie bedeutet, daß der Geist sowie der gesamte Organismus außerordentlich sensibel sein muß. Deshalb muß man sich über die richtige Ernährung, über Körperübungen und einen angemessenen Lebensstil Gedanken machen. Doch weil wir nicht darüber nachdenken, uns nicht damit auseinandersetzen wollen, wenden wir uns an jemand anderen, der uns sagen soll, was wir tun müssen. Wenn wir uns jedoch an jemand anderen wenden, beschränken wir unsere Energie, weil wir dann fragen, ob es möglich oder unmöglich ist. Wenn wir sagen, es ist unmöglich, schränken wir unsere Energie sehr ein. Aber auch wenn wir sagen, daß es im Rahmen des uns Bekannten möglich ist, wird unsere Energie sehr schwach sein.

Wir erkennen also die Notwendigkeit dieser vollständigen Harmonie, weil die geringste Disharmonie an uns zerrt. Und wir brauchen Disziplin. Disziplin bedeutet Ordnung – nicht Unterdrückung, nicht Anpassung an ein Prinzip oder an eine Idee, an eine Überzeugung, ein System oder eine Methode.

Ordnung folgt keinem Entwurf, ist kein Muster, nach dem man sein Leben ausrichtet. Ordnung entsteht nur, wenn Sie den gesamten Prozeß der Unordnung verstehen, indem Sie durch das hindurchgehen, was das Negative ist, und so zum Positiven kommen. Unser Leben ist Unordnung, also Widerspruch. Wir sagen das eine, tun das andere und denken an ganz etwas anderes. Wir leben in einer inneren Zerrissenheit und versuchen, darin irgendeine Art von Ordnung zu entdecken. Wir glauben, diese Ordnung durch Disziplin und Kontrolle herstellen zu können. Ein kontrolliertes Bewußtsein, dessen Disziplin in der Anpassung an ein vorgegebenes Muster besteht – ganz gleich, ob dieses Muster selbstauferlegt oder von der Gesellschaft oder einer bestimmten Kultur vorgegeben wird –, ist nicht frei, es ist ein verzerrtes Bewußtsein. Deshalb muß man sich mit dem Phänomen Unordnung auseinandersetzen. Dadurch, daß man versteht, was Unordnung ist, wie sie zustande kommt, entsteht Ordnung – eine lebendige Ordnung.

Was ist die tiefste Ursache von Unordnung? Unser Leben ist ungeordnet und gespalten, wir leben in verschiedenen Abteilungen, wir sind keine ganzen, ungespaltenen Wesen. Die Ursache der Unordnung liegt im inneren Widerspruch, denn immer, wenn in unserem Inneren ein Widerspruch herrscht, entsteht Verkrampfung, entsteht Kampf und daher Unordnung. (Das ist sehr einfach. Vielleicht mögen Sie einfache Dinge nicht, man kann es auch sehr kompliziert machen!) Jeder kann sehen, wie chaotisch sein Leben ist, wie die Widersprüche zwischen verschiedenen Wünschen, Zielen, Entschlüssen und Absichten miteinander ringen. Wir sind gewalttätig, wollen aber in Frieden leben, wir sind ehrgeizig und gierig, wir konkurrieren und behaupten zu lieben, wir sind egozentrisch, egoistisch und haben einen engen Horizont und reden von universeller Brüderschaft. Wir geben etwas vor, das nicht ist, und werden so zu Heuchlern.

Ordnung ist also notwendig, und indem wir Unordnung verstehen lernen, entsteht dabei eine eigene Disziplin, eine Ordnung, in der Unterdrückung und Konformität keinen Platz hat. Ich hoffe, der Sprecher drückt sich, zumindest verbal, klar genug aus. Disziplin bedeutet lernen, nicht jedoch das Anhäufen mechanischen Wissens. Disziplin bedeutet, die Unordnung im eigenen Leben zu erkennen und deshalb in jedem Augenblick auf Urteile und Schlußfolgerungen zu verzichten. Die meisten unserer Handlungen beruhen auf Überzeugungen oder auf Idealen oder auf der Annäherung an ein Ideal. Deshalb sind unsere Handlungen stets widersprüchlich und folglich ungeordnet. Das lässt sich leicht sehen. Wenn man sich das in seinem Innern anschaut, werden sich Ordnung, Freiheit von Autoritäten und somit Furchtlosigkeit ganz von selbst einstellen. Man kann einen Fehler machen, aber man korrigiert ihn unmittelbar.

Wie kann der Geist vermeiden, sich in Illusionen zu verlieren? Sie können beim »Meditieren« endlos ihre eigenen Illusionen erschaffen. Kürzlich trafen wir einen Mann, der seit fünfundzwanzig Jahren meditierte, und zwar nicht nur gelegentlich – er hatte alles aufgegeben, seine gute Position, sein Geld, seine Familie, seinen Namen und praktizierte seit fünfundzwanzig Jahren Meditation. Unglücklicherweise brachte ihn jemand zu unseren Gesprächen mit, und am nächsten Tag kam er zum Sprecher und sagte: »Was Sie über Meditation sagten, ist absolut wahr: Ich habe mich selbst hypnotisiert, hatte meine persönlichen Visionen und habe mich an diesen, meiner Konditionierung entspringenden Visionen berauscht.« Wenn man Christ ist, wird man Visionen von Christus haben, ist man ein Hindu, hat man seinen persönlichen, besonderen Gott und steht in direkter Verbindung mit ihm, das hängt nur von der persönlichen Konditionierung ab.

Wir müssen uns also fragen, ob der Geist tatsächlich absolut frei von Illusionen sein kann? Man muß sich diese Frage sehr ernsthaft und sehr tiefschürfend stellen. Viele Menschen hören auf alle möglichen Yogis und Lehrer, die ihnen sagen, was sie tun sollen, die ihnen eine Parole, ein Mantra geben – ein Wort, das ihnen außergewöhnliche Erlebnisse verschafft. Sie wissen, worüber der Sprecher redet. Haben Sie jemals einem Klang so vollkommen gelauscht, daß jeder andere Klang außer diesem einen verblaßte? Wenn das Bewußtsein diesen Klang verfolgt, ihm nachgeht, macht man eine außergewöhnliche Erfahrung. Aber das ist nicht Meditation, sondern ein Trick, mit dem man sich selbst hereinlegen kann, und es ist eine andere Form der Illusion.

Auch das Einnehmen von Drogen mit der Absicht, eine »transzendente Erfahrung« zu machen, kann durch die chemischen Reaktionen zu bestimmten Ergebnissen führen. Auch wenn man sehr viel fastet, erlangt man eine gewisse Sensibilität, und der Geist wird sehr viel achtsamer, wacher, schärfer und klarer. Manche versuchen es auch mit der richtigen Atemtechnik. Das sind alles verschiedene Arten von Tricks, die ihre spezifischen Illusionen mit sich bringen. Und der Geist klammert sich an diese Illusionen, weil sie sehr befriedigend sind, sie sind unsere private, persönliche Errungenschaft. Doch in einer Welt, die leidet, die Qualen, Deformationen und Korruption durchmacht, hat Ihre persönliche kleine Vision in einem winzigen Winkel des Ganzen keinen Wert.

Also können wir all das als unreif und kindisch hinter uns lassen. Es führt darüber hinaus zu Stumpfsinn, es stumpft das Bewußtsein ab. Wie also kann der Geist sich von allen Illusionen befreien, wenn wir bedenken, daß jegliche Willensanstrengung und jeglicher Widerspruch zu Illusionen führt? Wie kann dieser Zustand des Widerspruchs, diese Verwirrung, Verzerrung, die Korruption in ihren verschiedenen Formen – seien sie gesellschaftlicher, religiöser oder persönlicher Art –, wie kann all das, was zu den verschiedenen Formen von Täuschung und Illusion führt, vollständig ausgelöscht werden? Das kann nur geschehen, wenn der Geist vollkommen still ist, denn jeder Gedankenprozeß ist ein Strömen der Vergangenheit. Denken ist eine Reaktion des Gedächtnisses, der angesammelten Erfahrungen, des angehäuften Wissens und so weiter – es ist die Vergangenheit. Und solange dieses Strömen der Vergangenheit sich in der gesamten Struktur des Geistes, die auch den Verstand umfaßt, findet, muß es Verzerrungen geben.

Wir müssen uns also fragen: Wie kann das Denken in der Meditation völlig aufhören? Denken ist notwendig, und je logischer, vernünftiger, gesünder, objektiver, emotionsloser und unpersönlicher es ist, desto effektiver und effizienter ist es. Wir müssen das Denken benutzen, um im Leben funktionieren zu können. Doch gleichzeitig muß der Geist die Fähigkeit haben (er muß vollkommen frei von Verzerrungen sein) herauszufinden, was wahr, was heilig ist. Es muß eine harmonische Ausgewogenheit zwischen den lebensnotwendigen Funktionen des Denkens und der Freiheit vom Denken bestehen. Das ist ganz logisch, es ist keine geheime, persönliche Theorie. Damit der Geist etwas

Wahres sehen, etwas Neues entdecken, etwas Neues wahrnehmen kann, das noch nie zuvor geschaffen oder getan wurde, muß er sich vom Bekannten befreit haben. Und dennoch müssen wir im Bekannten leben. Der Erfinder des Düsenantriebs mußte sich von allem frei machen, was er über Verbrennungsmotoren wußte. Ebenso muß der Geist, um etwas völlig Neues zu entdecken, frei von allen Illusionen sein, und in umfassender und totaler Stille sein. Zum Stillstand gekommen sein muß nicht nur der Strom der Gedanken, sondern sogar die Aktivität der Gehirnzellen mit unseren Erinnerungen.

Das ist ein ziemlich großes Problem, nicht wahr? Durchschauen Sie, wie wir nach Formeln, Überzeugungen, Vorurteilen leben? Wir leben mechanisch in der Routine, mit der wir unseren Lebensunterhalt verdienen, in der funktionalen Routine, mit deren Hilfe wir versuchen, eine Position oder Prestige zu erlangen. Unser Leben besteht aus einer Reihe von Anpassungen – entweder Anpassung aus Furcht oder Anpassung um des Vergnügens willen. Ein solcher Geist kann unmöglich etwas Neues entdecken. Daher ist jeder Lehrer, jeder Vertreter einer bestimmten Methode oder eines bestimmten Systems, der Ihnen sagt »Tu dies, und du wirst es finden.«, ein Lügner. Denn jeder, der behauptet zu wissen, weiß nichts. Er kennt nur die Routine, die Praxis, die Disziplin, die Anpassung.

Der Geist, das Gehirn und der Körper müssen also in vollkommener Harmonie still sein, doch diese Stille können Sie nicht durch ein Beruhigungsmittel oder das Wiederholen bestimmter Worte erreichen, ganz gleich, ob es sich um das Ave Maria oder irgendein Sanskritwort handelt. Wiederholung läßt Ihren Geist abstumpfen, und ein solchermaßen abgestumpfter Geist kann niemals die Wahrheit finden. Die Wahrheit ist stets neu – eigentlich ist »neu« nicht das richtige Wort, die Wahrheit ist wirklich »zeitlos«.

Stille ist also notwendig. Diese Stille ist nicht das Gegenteil von Lärm oder das Aufhören des inneren Geplappers; sie stellt sich nicht ein, wenn Sie sich kontrollieren und sagen: »Ich werde still sein.«, was ja wieder ein Widerspruch ist. Wenn Sie sagen: »Ich werde...«, muß ja derjenige existieren, der still zu sein beschließt und daher etwas praktiziert, das er Stille nennt. Doch das führt zur Spaltung, zum Widerspruch, zur Verzerrung. All das erfordert große Energie und daher Aktivität. Wir verschwenden so viel Energie durch das Anhäufen von Wissen. Wissen hat seinen eigenen Stellenwert – man muß über Wissen verfügen, je mehr, desto besser. Doch wenn es zu mechanischem Wissen wird, wenn unser Wissen uns dazu bringt zu glauben, mehr sei nicht möglich, wenn wir zu dem Schluß kommen, daß keine Veränderung mehr möglich ist, dann haben wir keine Energie.

Manche vertreten die Ansicht, sexuelle Enthaltsamkeit lasse ihnen mehr Energie für die Gottessuche und was sonst an religiösen Vorstellungen damit verbunden ist. Stellen Sie sich vor, welche Qualen die armen Heiligen und Mönche durchlitten, um Gott zu finden! Und Gott – falls es soetwas überhaupt gibt – hat keinerlei Interesse an einem gequälten Geist, der zerrissen, verdreht oder dumpf ist und abgestumpft dahin lebt.

Die innere Stille stellt sich ganz natürlich ein, – bitte hören Sie genau zu – sie stellt sich natürlich, leicht und ohne jegliche Anstrengung ein, wenn Sie zu beobachten, zu schauen verstehen. Wenn Sie eine Wolke betrachten, dann schauen Sie sie ohne das Wort, ohne den Begriff und daher ohne Gedanken an, schauen Sie sie ohne die Distanz des Beobachters an. Dann liegt in diesem Akt des Schauens selbst eine Bewußtheit und Achtsamkeit – nicht weil Sie sich entschlossen haben achtsam zu sein, sondern weil Sie beim Schauen achtsam sind. Selbst wenn dieser Blick nur eine Sekunde, eine Minute dauert, – das ist genug. Werden Sie nicht gierig, sagen Sie nicht »Ich muß es den ganzen Tag über haben.« Ohne den Beobachter zu schauen heißt, ohne die Distanz zwischen Beobachter und Beobachtetem zu schauen, doch es bedeutet nicht, daß man sich mit dem Betrachteten identifiziert. Wenn man also fähig ist, einen Baum, eine Wolke, das Licht auf dem Wasser ohne den Beobachter zu betrachten, wenn man – was sehr viel schwieriger ist, weil es noch größere Achtsamkeit erfordert – sich selbst ohne die Vorstellung oder Selbsteinschätzung, die man von sich hat, anschauen kann (denn das Bild, die Überzeugung, die Meinung, das Urteil, die »gute« und »schlechte« Eigenschaft bezieht sich auf den Beobachter), dann wird man feststellen, daß der Geist, das Gehirn außerordentlich still wird. Und diese Stille kann nicht kultiviert werden, sie kann geschehen, sie geschieht, wenn Sie achtsam sind, wenn Sie fähig sind, die ganze Zeit wirklich zu beobachten, wenn Sie Ihre Gesten, Ihre Worte, Ihre Gefühle, die Regungen Ihres Gesichts und alles andere beobachten. Der Versuch, diese zu korrigieren, führt zum Widerspruch, aber wenn Sie sie einfach beobachten, ändern sie sich von selbst.

Stille stellt sich also ein, wenn große Achtsamkeit vorhanden ist – und zwar nicht nur auf der bewußten Ebene, sondern auch auf den tieferen Ebenen des Bewußtseins. Die Träume und der Schlaf sind sehr wichtig; es ist Teil der Meditation, während des Schlafes wachsam zu sein, achtsam und aufmerksam zu sein, während Körper und Bewußtsein – der Organismus – schlafen. (Bitte akzeptieren Sie nicht von vornherein, was der Sprecher sagt, denn der Sprecher ist nicht Ihr Guru, Ihr Lehrer oder Ihre Autorität. Wenn Sie ihn zu Ihrer Autorität machen, zerstören Sie sich selbst und den Sprecher.)

Wir sagten: Meditation ist das Leeren des Geistes, und zwar nicht nur auf der bewußten Ebene, sondern auch auf all jenen verborgenen Ebenen, die wir das Unbewußte nennen. Das Unbewußte ist genauso trivial und absurd wie das Bewußte. Und während des Schlafes stellen sich verschiedene Arten oberflächlicher Träume ein, die nicht einmal wert sind, daß man über sie nachdenkt – Träume, die absolut keine Bedeutung haben. Ich bin sicher, daß Sie das wissen. Nicht wahr? Dann wiederum gibt es Träume, die bedeutungsvoll sind, und diese Bedeutung kann während des Träumens verstanden werden. Aber das ist nur möglich, wenn Sie auch während des Tages achtsam sind, wenn Sie jede Regung Ihrer Gedanken, Motive, Gefühle und Ambitionen beobachten und auf sie horchen. Dieses Beobachten wird Sie nicht ermüden, nicht erschöpfen, wenn Sie nicht versuchen, das, was Sie sehen, zu korrigieren. Wenn Sie sagen »das darf nicht sein« oder »so soll es sein«, dann werden Sie müde und gelangweilt. Doch wenn Sie absichtslos beobachten, wenn Sie während des Tages achtsam sind, ohne etwas zu bevorzugen oder abzulehnen, dann werden Ihre Träume Bedeutung haben, und Sie werden das, was im Traum geschieht (alle Träume sind aktiv, in allen Träumen geschieht stets etwas) augenblicklich verstehen. Wenn Sie also während des Tages achtsam sind, ist der Geist während des Schlafes außerordentlich wachsam, und Sie müssen keinen Traumdeuter mehr aufsuchen. Diese Achtsamkeit des Geistes nimmt etwas wahr, was das Bewußtsein niemals sehen kann. Stille lässt sich also nicht praktizieren – sie stellt sich ein, wenn das Leben in seinem gesamten Zusammenhang und in seinem Beginnen und in seiner Lebendigkeit verstanden wird.

Wir müssen die gesamte Struktur unserer Gesellschaft verändern. Wir müssen ihre Ungerechtigkeit überwinden, ihre abstoßende »Moral«, die Kluft zwischen Mensch und Mensch, die Kriege, den ungeheuren Mangel an Zuneigung und Liebe, der die Welt zerstört. Wenn Ihre Meditation eine rein persönliche Angelegenheit ist, etwas, das Sie ganz für sich genießen, dann ist es keine Meditation. Meditation ist ein radikaler Wandel des Geistes und des Herzens. Doch dieser kann sich nur vollziehen, wenn wir zu einer außerordentlichen inneren Stille vordringen. Sie allein führt zu religiösem Bewußtsein. Ein solcher Geist weiß, was heilig ist.

Wie können wir diesen völligen Wandel vollziehen?

Kann Wissen eine totale Revolution bewirken? Kann die Vergangenheit, aus der ja das Wissen besteht, einen völligen Wandel der geistigen Qualität hervorbringen? Oder müssen wir von der Vergangenheit frei sein, so daß unser Geist sich in unablässiger Revolution, in der ständigen Bewegung der Veränderung befindet? Das Zentrum des Wissens, der Erfahrung, des Gedächtnisses liegt im Beobachter, nicht wahr? Bitte übernehmen Sie nicht einfach, was ich sage, beobachten Sie es selbst. Da ist der Zensor, das Ego in jedem von uns, das sagt: »Das ist richtig«, »das ist falsch«, »das ist gut«, »das ist schlecht«, »ich muß«, »ich sollte nicht«. Dieser Zensor beobachtet. Er ist der Beobachter, der sich von dem abspaltet, was er beobachtet. Der Zensor, der Beobachter, repräsentiert stets die Vergangenheit, und das, »was ist«, ist stets neu, verändert sich ständig. Solange diese Spaltung zwischen dem Beobachter und dem Beobachteten besteht, ist ein radikaler Wandel nicht möglich: es wird immer Korruption herrschen. Sie wissen, was mit der Französischen Revolution oder der kommunistischen Oktober-Revolution geschah – es kommt immer Korruption ins Spiel. Solange diese Spaltung existiert, kann das Gute nicht gedeihen. Nun werden Sie fragen: »Wie kann man diese Spaltung aufheben?« Wie kann der Beobachter, der die Vergangenheit in Form von angehäuftem Wissen ist, verschwinden? Er kann nicht verschwinden, weil Sie ihn brauchen, wenn Sie im Alltag funktionieren müssen. Sie sind auf Ihr Wissen angewiesen, wenn Sie ins Büro oder in die Fabrik oder ins Labor gehen. Doch dieses Wissen, das an einen ehrgeizigen und gierigen Zensor gebunden ist, wird korrupt. Der Zensor setzt sein Wissen ein, um zu korrumpieren. Das ist so einfach!

Wenn man dies wirklich erkennt, dann verschwindet der »Beobachter«. Und das ist keine Frage von Zeit, er verschwindet nicht allmählich. Wir sind konditioniert zu glauben, daß wir den Beobachter allmählich loswerden könnten, daß wir allmählich gewaltlos werden könnten. Doch in der Zwischenzeit säen wir schon wieder die Saat der Gewalt.

Wenn man also ganz klar sieht, wie der »Beobachter« alles verzerrt – jener Beobachter, der identisch ist mit dem Ego, dem »Ich« –, wie er trennt und verzerrt, dann verschwindet der Beobachter in diesem Aufblitzen des Bewußtwerdens.

Kann es in diesem Leben dauerhafte Harmonie geben?

Dauerhafte Harmonie in diesem Leben ist ein Widerspruch, nicht wahr? Die Vorstellung, daß sie dauerhaft sein muß, verhindert die Entdeckung von Neuem. Nur wenn es ein Ende gibt, kann es auch einen Neubeginn geben. Der Wunsch nach dauerhafter Harmonie ist ein Widerspruch in sich. Sie sind harmonisch – Punkt. Wir sind Sklaven des Wortes »werden«. Wenn das, was Sie Harmonie nennen, zu etwas Dauerhaftem wird, dann ist es Disharmonie. Deshalb, mein Herr, sollten Sie sich überhaupt nichts Dauerhaftes wünschen. Sie wünschen sich, daß die Beziehung zu Ihrer Frau dauerhaft, glücklich und liebevoll ist – das sind Ihre romantischen Vorstellungen. Doch es geschieht nie. Liebe hat nichts mit Zeit zu tun. Seien wir also nicht gierig. Harmonie kann nicht andauern. Wenn sie andauert, wird sie mechanisch. Doch ein Bewußtsein, das sich in Harmonie befindet, »ist« – es »wird nicht sein« oder »war nicht gewesen«. Ein Bewußtsein, das harmonisch ist – »ist« trifft es nicht richtig – ein Bewußtsein, das seine Harmonie wahrnimmt, fragt sich nicht, »werde ich auch morgen in diesem Zustand sein«?

Welche Beziehung besteht zwischen den Dingen und dem verbalen Inhalt des Bewußtseins?

Das ist sehr einfach, nicht wahr? Wenn wir verstehen, daß das Wort nicht das Ding ist, daß die Beschreibung nichts mit dem Beschriebenen, die Erklärung nichts mit dem Erklärten zu tun hat, dann hat sich das Bewußtsein von den Worten befreit. Wenn man ein Bild von sich selbst hat, dann setzt sich dieses Bild aus Worten, aus Gedanken zusammen – die Gedanken sind die Worte. Man denkt von sich selbst, man sei groß, klein, klug oder genial oder was auch immer – man hat ein Bild von sich selbst. Dieses Bild kann man beschreiben, es ist das Resultat von Beschreibung. Und dieses Bild ist das Produkt der Gedanken. Doch ist die Beschreibung, das Bild, ein Teil des Bewußtseins? Welche Beziehung besteht zwischen dem Inhalt des Bewußtseins und dem Bewußtsein selbst? Ist der Inhalt das Bewußtsein selbst? Ist das Ihre Frage, mein Herr? Natürlich ist es das. Wenn die Inhalte des Bewußtseins Möbel, Bücher, Klatsch, Ihre Vorurteile, Ihre Konditionierung, Ihre Ängste sind – dann ist all dies das Bewußtsein. Wenn das Bewußtsein sagt, es gibt eine Seele, einen Gott, eine Hölle, einen Himmel, einen Teufel, dann sind das Bewußtseinsinhalte. Der Inhalt des Bewußtseins ist das Bewußtsein. Wenn der menschliche Geist sich von all diesen Inhalten leer machen kann, dann ist er etwas völlig anderes, dann ist der Geist etwas Neues, etwas Unsterbliches.

Wie erkennt man einen Menschen, der begonnen hat, achtsam zu werden?

Verzeihen Sie, wenn ich mich ein wenig lustig mache, – er trägt keine rote Fahne vor sich her! Schauen Sie, zunächst einmal ist es, wie wir bereits sagten, keine Sache von Entwicklung, es hat nichts mit allmählichem Wachstum zu tun. Braucht man Zeit, um etwas zu verstehen? In welchem Zustand befindet sich ein Bewußtsein, das sagt: »Ich habe verstanden.« Ich meine nicht verbal, sondern total? Wann sagt das Bewußtsein dies? Es sagt es, wenn es das, was es anschaut, wirklich vollkommen achtsam wahrnimmt. Da es im gegenwärtigen Augenblick vollkommen achtsam ist, hat es vollkommen verstanden. Das hat nichts mit Zeit zu tun.

Es gibt soviel Leid auf der Welt, wie kann ein mitfühlender Mensch da inneren Frieden finden?

Glauben Sie, Sie unterscheiden sich vom Rest der Welt? Sind Sie nicht die Welt? Jene Welt, die Sie mit Ihrem Ehrgeiz, Ihrer Gier, Ihrem Verlangen nach wirtschaftlichen Sicherheiten, Ihren Kriegen geschaffen haben? Sie haben sie geschaffen. Die Qualen der Tiere, damit Sie Ihnen als Nahrung dienen, die ungeheure Verschwendung von Kapital für Ihre Kriege, der Mangel an angemessener Erziehung – Sie haben diese Welt geschaffen, sie ist

Teil von Ihnen. Sie sind die Welt, und die Welt ist Sie, es gibt keine Trennung zwischen Ihnen und der Welt. Sie fragen: »Wie kann man inneren Frieden finden, wenn die Welt leidet?« Wie können Sie Frieden finden, wenn Sie leiden? Das ist doch die Frage, denn Sie sind die Welt. Sie können die ganze Welt bereisen und mit den Menschen sprechen, ganz gleich, ob sie klug oder berühmt oder ungebildet sind: alle machen eine furchtbare Zeit durch – wie Sie selbst. Die Frage kann also nicht heißen: »Wie kann man inneren Frieden finden, wenn die Welt leidet?« Sie leiden, und deshalb leidet die Welt; beenden Sie also Ihr Leiden, wenn Sie wissen, wie Sie es beenden können. All das mit Selbstmitleid verbundene Leiden kann nur ein Ende haben, wenn man sich selbst erkennt. Sie werden vielleicht fragen: »Was kann ein Mensch, der sich von seinem eigenen Leid befreit hat, tun? Welchen Wert hat ein solcher Mensch für die Welt?« Diese Frage hat keinen Wert. Wenn Sie sich von Ihrem Leid befreit haben, – wissen Sie, was das bedeutet? – und fragen: »Welchen Wert hat das Individuum in einer leidenden Welt?«, so ist das die falsche Frage.

Was ist Wahnsinn?

Oh, das ist doch ganz klar. Die meisten von uns sind neurotisch, nicht wahr? Die meisten von uns sind psychisch unausgeglichen, die meisten haben sonderbare Vorstellungen oder glauben an sonderbare Dinge. Vor einiger Zeit sprachen wir mit einem sehr frommen Katholiken, und er sagte: »Ihr Hindus seid doch die abergläubischsten, bigottesten und neurotischsten Leute, die ich kenne, Ihr glaubt an so viele verrückte Dinge.« Er war sich seiner eigenen Verrücktheit, seiner eigenen Glaubenssätze, seiner eigenen Dummheiten in keiner Weise bewußt. Wer befindet sich im Gleichgewicht? Doch ganz offensichtlich der Mensch, der frei von Furcht ist, der ganz ist. »Ganz sein« bedeutet geistig gesund, heil, heilig sein, aber das sind wir nicht, wir sind gespaltene menschliche Wesen, und deshalb befinden wir uns im Ungleichgewicht. Gleichgewicht besteht nur, wenn wir vollkommen ganz sind, also gesund, mit einem klaren Geist, der vorurteilsfrei und gütig ist. (*Applaus*) Bitte klatschen Sie nicht, Ihr Applaus bedeutet mir nichts – ganz bestimmt nicht. Wenn Sie verstanden haben, wovon ich spreche, weil Sie es selbst erkannt haben, besteht keine Notwendigkeit zu applaudieren – es gehört Ihnen. Erleuchtung kann man niemals durch einen anderen erlangen, sie stellt sich nur durch eigene Beobachtung ein, indem man lernt, sich selbst zu verstehen.

London *30. Mai 1970*

Nichtkonditionierter Geist

Wenn der Geist durch Wissen zur Freiheit gelangen will
und in diesem Wissen gefangen bleibt,
kann er die Freiheit niemals erlangen.

Wenn es Ihnen mit diesen Dingen wirklich ernst ist, muß die Frage, ob es möglich ist, den Geist von seinen Konditionierungen zu befreien, für Sie eine der wichtigsten Fragen überhaupt sein. Wir können beobachten, daß der Mensch in verschiedenen Teilen der Welt mit ihren verschiedenen Kulturen und gesellschaftlichen Moralvorstellungen zutiefst konditioniert ist. Sein Denken bewegt sich innerhalb eines bestimmten Rahmens, und er handelt nach Mustern. Seine Beziehung zur Gegenwart ergibt sich aus dem Hintergrund der Vergangenheit. Er hat jahrmillionenlange Erfahrung und hat sein großes Wissen systematisch erweitert. All das hat ihn konditioniert – Erziehung, Kultur, gesellschaftliche Moral, Propaganda und Religion –, und darauf reagiert er auf ganz bestimmte Weise, wobei die Reaktion eine weitere Form der Konditionierung ist.

Man muß achtsam genug sein, um die ganze Bedeutung dieser Konditionierung zu erfassen, um zu sehen, wie sie die Menschen nach nationalen, religiösen, sozialen und sprachlichen Gesichtspunkten trennt. Durch diese Trennungen werden ungeheure Barrieren aufgebaut, sie führen zu Kampf und Gewalt. Wenn man vollkommen in Frieden, kreativ leben will – wir werden die Bedeutung der Worte »Frieden« und »Kreativität« gleich untersuchen –, wenn man so leben will, muß man diese Konditionierung verstehen, die ja nicht nur marginal oder oberflächlich, sondern auch sehr tief und unzugänglich ist. Man muß versuchen, die gesamte Struktur dieser Konditionierung ans Licht zu bringen. Doch was kann man tun, nachdem man sie durchschaut hat, um darüber hinauszugelangen?

Wenn man erkennt, daß man konditioniert ist und sich sagt: »Es ist unmöglich, das Bewußtsein zu dekonditionieren.«, dann ist man mit dem Problem schon am Ende angelangt. Wenn man an die Sache mit der Vorstellung herangeht, daß man niemals von seinen Konditionierungen frei sein kann, dann hört man auf zu fragen und zu forschen, man hat sich seinen Widerständen ergeben und mit diesem Problem abgeschlossen. Dann bleibt einem nur noch übrig, seine Konditionierungen weiter zu beschönigen. Doch wenn man etwas tiefer geht und sich dieses ganzen Problems bewußt wird – was soll man dann tun? Wenn dies eine sehr, sehr ernste Herausforderung ist und nicht etwas, das man beiseite schieben kann, – wie darauf antworten? Wenn dies lebenswichtig, für das eigene Leben von ungeheurer Bedeutung ist, – wie danach handeln?

Auf welche Art und Weise beobachten Sie diese Konditionierung, nachdem Sie sie entdeckt haben? Haben Sie sie selbst wahrgenommen, oder hat Ihnen jemand etwas darüber erzählt? Das ist wirklich eine sehr wichtige Frage, die beantwortet werden muß. Wenn Ihnen jemand etwas über Konditionierung erzählt hat, und Sie sagen: »Ja, ich bin konditioniert.«, dann reagieren Sie auf eine suggestive Behauptung. Es ist nichts Echtes, nur ein verbales Konstrukt, das Sie akzeptiert haben, mit dem Sie übereinstimmen. Etwas ganz anderes ist es, wenn Sie diese Entdekkung selbst machen, denn dann ist sie überaus lebenswichtig, dann besitzen Sie die Leidenschaft, den Weg aus ihr heraus zu finden.

Haben Sie entdeckt, daß Sie konditioniert sind, weil Sie sich dies gefragt, dies geprüft und genau angesehen haben? Wenn ja: »Wer« hat es entdeckt? Der Beobachter, der Forscher, der Analysierende? »Wer« beobachtet, untersucht, analysiert das ganze Durcheinander und den ganzen Wahnsinn, den diese Konditionierung in der Welt hervorruft? »Wer« hat durch Be-

obachten die Struktur dieser Konditionierung und ihre Folgen durchschaut? Durch sorgfältiges Beobachten all dessen, was im Inneren und außen geschieht, – der Konflikte, der Kriege, des Leides, der Verwirrung im eigenen Inneren und außerhalb von mir (was außen ist, ist Bestandteil dessen, was ich bin) – indem ich dies sehr genau beobachte (denn überall auf der Welt geschieht dasselbe), habe ich entdeckt, daß ich konditioniert bin, und habe die Konsequenzen dieser Konditionierung erkannt. Da ist also der »Beobachter«, der erkannt hat, daß er konditioniert ist, und nun stellt sich die Frage: Ist der »Beobachter« verschieden von dem, was er beobachtet und entdeckt hat, ist er davon getrennt? Falls eine Trennung existiert, haben wir wieder eine Spaltung, die zu einem Konflikt führt, dem Konflikt nämlich, wie man diese Konditionierung überwinden kann, wie man sich davon befreien kann, was man tun kann, um sie loszuwerden und so weiter. Man muß erkennen, ob es sich hier um zwei getrennte Dinge, zwei separate Phänomene handelt: den »Beobachter« und das Beobachtete. Sind sie voneinander getrennt? Oder ist der »Beobachter« das Beobachtete? Es ist ungeheuer wichtig, daß jeder das für sich selbst herausfindet. Wenn Sie das tun, wird danach die Art und Weise wie Sie denken eine völlig andere sein. Es ist eine umwälzende Entdeckung, wodurch für Sie das moralische Rüstzeug und die Weiterverwendung von Wissen eine ganz veränderte Bedeutung hat. Finden Sie heraus, ob Sie das für sich selbst entdeckt haben, ohne daß eine äußere Instanz Ihnen gesagt hat: »Es ist so.«, oder ob Sie einfach akzeptiert haben, was man Ihnen als Tatsachen präsentierte. Falls es wirklich Ihre eigene Entdeckung ist, werden ungeheure Energien in Ihnen freigesetzt, die zuvor in der Spaltung zwischen dem »Beobachter« und dem Beobachteten gebunden waren.
Handeln unter Weiterverwendung von Wissen (von psychischer Konditionierung) ist Energieverschwendung. Der »Beobachter« hat Wissen angehäuft und macht dieses zur Grundlage seines Handelns. Doch dieses Wissen ist vom Handeln getrennt, dadurch entsteht der Konflikt. Diese aktive Einheit, die sich im

Besitz dieses Wissens befindet – welches im Grunde die Konditionierung darstellt –, ist der »Beobachter«. Man muß dieses grundlegende Prinzip für sich selbst entdecken; es ist ein Prinzip, nicht etwas Bestehendes, es ist eine Realität, die wir nie wieder in Zweifel ziehen können.

Was geschieht mit einem Bewußtsein, das diese Wahrheit, diese einfache Tatsache entdeckt hat, daß der »Beobachter« psychologisch betrachtet das Beobachtete ist? Wie verändert sich nach dieser Entdeckung die Qualität des Bewußtseins, das so lange durch seine Vorstellungen von einem »höheren Selbst« oder einer vom Körper getrennten »Seele« konditioniert war? Wenn diese Entdeckung nicht die Tür zur Freiheit öffnet, hat sie keinerlei Bedeutung, sondern ist einfach nur eine weitere intellektuelle Ansicht, die nirgendwo hinführt. Doch wenn es sich um eine echte Entdeckung, um eine reale Erfahrung handelt, dann muß sie mit Freiheit einhergehen. Bei dieser Freiheit geht es allerdings nicht um die Freiheit zu tun, was einem beliebt, oder um die Freiheit, Ziele zu realisieren, jemand zu werden, oder um Entscheidungsfreiheit und auch nicht um die Freiheit zu denken, was man will und zu handeln, wie es einem in den Sinn kommt. Wird ein freier Geist wählen? Zu wählen heißt, sich zwischen diesem und jenem zu entscheiden, doch wozu sollte das überhaupt nötig sein? (Meine Damen und Herren, das sind nicht bloße Worte. Wir müssen gemeinsam diese Wahrheit ergründen, wir müssen täglich mit ihr leben, dann werden wir ihre Schönheit, ihre Lebendigkeit, ihre Leidenschaft und Intensität entdecken.) Wählen heißt Entscheidungen treffen, und das ist ein Akt des Willens. Doch wer ist jene aktive Einheit, die den Willen einsetzt, um dies oder jenes zu tun? Bitte hören Sie genau zu. Wenn der »Beobachter« das Beobachtete ist – besteht dann überhaupt die Notwendigkeit zu wählen? Wenn das Bewußtsein eine Entscheidung aufgrund einer Wahl trifft (auf der psychischen Ebene), so ist es doch verwirrt. Ein vollkommen klarer Geist wählt nicht, er handelt einfach. Der Mangel an Klarheit entsteht dort, wo der »Beobachter« vom Beobachteten getrennt ist.

Auf der faktischen Ebene ist diese Trennung, dieses Wählen aber doch notwendig, oder nicht?

Selbstverständlich. Ich wähle zwischen braunem Stoff und rotem Stoff. Aber ich spreche hier von der psychischen Ebene.
Wenn man die Konsequenzen des Wählens, die Konsequenzen von Trennung und Entscheidung einmal verstanden hat, dann wird Wählen ganz unwichtig. Ein Beispiel: Ich bin verwirrt; ich wurde als Katholik oder als Hindu erzogen. Doch ich bin nicht zufrieden und schließe mich einer anderen religiösen Organisation an, die ich »gewählt« habe. Doch wenn ich die ganze, hinter einer bestimmten religiösen Kultur stehende Konditionierung untersuche, sehe ich, daß es sich nur um Propaganda handelt, um eine Reihe von angenommenen Glaubenssätzen, die alle der Furcht, dem Verlangen nach psychischer Sicherheit entspringen. Weil man einen inneren Mangel spürt, leidet, unglücklich und unsicher ist, setzt man seine Hoffnung in etwas, das Sicherheit, Gewißheit verspricht. Wenn also die Religion, der ich angehöre, diese Hoffnungen nicht erfüllt, laufe ich zu einer anderen über in der Hoffnung, diese Sicherheit dort zu finden. Doch es ist das gleiche unter einem anderen Namen, es ist gleich, ob die Organisation »x« oder »y« heißt. Wenn der Geist dies ganz klar sieht, erfaßt er die gesamte Situation und hat es nicht nötig zu wählen. Dann hört das Handeln aus dem »Willen« heraus vollständig auf. »Wille« bedeutet Widerstand und ist eine Form von Isolation. Doch ein isolierter Geist ist kein freier Geist.
Ein Geist, der sich in der Anhäufung von Wissen verliert, um dadurch frei zu werden, findet nie den Weg zur Freiheit. Warum hat Wissen in unserem Leben einen so ungeheuren Stellenwert erlangt? Mit Wissen meine ich die angesammelten Erfahrungen anderer, die Entdeckungen anderer, auf wissenschaftlichen, psychologischen oder anderen Gebieten, aber auch das Wissen, das man selbst durch Beobachtung und Lernen erworben hat. Was hat Wissen mit Freiheit zu tun? Wissen stammt immer aus der

Vergangenheit. Wenn Sie sagen: »Ich weiß«, so bedeutet das, daß Sie gewußt haben. Jegliches Wissen, ganz gleich, ob es sich um wissenschaftliches, persönliches oder gemeinschaftliches Wissen handelt, entspringt immer der Vergangenheit. Kann unser Geist überhaupt frei sein, da er ja das Produkt der Vergangenheit ist?

Wie steht es mit der Selbsterkenntnis?

Versuchen Sie zunächst einmal zu verstehen, wie der Geist Wissen ansammelt und weshalb er das tut. Erkennen Sie, wo Wissen notwendig ist und wo es zu einem Hindernis für die Freiheit wird. Ganz offensichtlich braucht man Wissen, um überhaupt irgend etwas tun zu können – um ein Auto steuern, eine Sprache sprechen, eine bestimmte Aufgabe erledigen zu können. Man muß über eine Menge Wissen verfügen, und je effizienter, je objektiver und unpersönlicher es ist, desto besser. Doch wir sprechen hier von jenem Wissen, das uns auf der psychischen Ebene konditioniert.
Der »Beobachter« ist der Speicher des Wissens. Der »Beobachter« gehört daher der Vergangenheit an, er ist der Zensor, jene aktive Einheit, die auf der Grundlage von angesammeltem Wissen Urteile fällt. Und er tut das auch im Hinblick auf sich selbst. Wenn er mit Hilfe des Psychologen Wissen über sich gesammelt hat, glaubt er, etwas über sich selbst gelernt zu haben, und sieht in sich, was er über sich weiß. Er betrachtet sich nicht mit neuen Augen. Er sagt: »Ich weiß, ich habe mich gesehen, manche Bereiche meiner Persönlichkeit sind sehr schön, andere sind schrecklich.« Er hat bereits geurteilt und wird nie etwas Neues über sich entdecken, weil er, der »Beobachter«, von dem getrennt ist, was er beobachtet und was er sein Selbst nennt. Das tun wir unablässig in all unseren Beziehungen. Unsere Beziehungen zu einem anderen Menschen oder sogar zur Maschine beruhen stets auf dem Verlangen nach einem Ort vollkommener Sicherheit, nach vollkommener Gewißheit. Unser Wissen soll uns diese Sicherheit vermitteln, und der Hüter dieses Wissens ist der

»Beobachter«, der Denkende, der Erfahrende, der Zensor, der stets von dem, was er beobachtet, getrennt ist.
Intelligenz hat nichts mit der Anhäufung von Wissen zu tun. Die Anhäufung von Wissen hat etwas Statisches – man kann immer wieder etwas hinzufügen, aber im Grunde ist sie statisch. Und aus diesem statischen Zustand heraus leben wir, wir funktionieren, wir malen, wir schreiben, verursachen alles mögliche Unheil in der Welt und nennen das Freiheit. Kann der Geist also frei von Wissen, von Bekanntem sein? Das ist eine sehr bedeutsame Frage, wenn man sie nicht einfach intellektuell stellt, sondern wirklich sehr, sehr tief in sie eindringt. Kann der Geist jemals frei vom Bekannten sein? Andernfalls ist Schöpfung unmöglich, gibt es nichts Neues unter der Sonne, bleibt alles ein Reformieren des bereits Reformierten.
Man muß herausfinden, warum diese Spaltung zwischen dem »Beobachter« und dem Beobachteten existiert. Kann der Geist diese Spaltung überwinden, so daß er also vom Bekannten befreit ist und in einer völlig neuen Dimension funktioniert?. Das bedeutet, daß Intelligenz Wissen einsetzt, wenn nötig, und doch von Wissen frei ist.
Intelligenz ist gleichbedeutend mit Freiheit, und Freiheit bedeutet das Ende jeglicher Konflikte. Intelligenz stellt sich ein, und Konflikte lösen sich auf, wenn der »Beobachter« das Beobachtete ist, denn dann gibt es keine Spaltung. Und dann, wenn das Wirklichkeit ist, ist da auch Liebe. Man zögert, dieses Wort, das so schrecklich befrachtet ist, überhaupt zu gebrauchen. Liebe wird assoziiert mit Lust, Sex und Angst, mit Eifersucht, Abhängigkeit und Besitzanspruch. Ein unfreier Geist kann nicht wissen, was Liebe ist; vielleicht kennt er die Lust und daher auch die Angst, aber das hat ganz sicher nichts mit Liebe zu tun. Liebe kann sich nur entfalten, wenn es wirklich Freiheit von der Vergangenheit, dem Wissen gibt. Ist das überhaupt möglich? Der Mensch hat auf den verschiedensten Wegen versucht, von der Vergänglichkeit des Wissens unabhängig zu werden. Schon immer suchte er nach etwas jenseits des Wissens, jenseits der

Ergebnisse des Denkens, und so schuf er ein Bild, das er Gott nannte. Denken Sie an all die absurden Dinge, die sich im Namen dieses Bildes abspielen! Doch um herausfinden zu können, ob tatsächlich etwas jenseits der Vorstellungskraft des Denkens existiert, muß man frei von jeglicher Furcht sein.

Machen Sie einen Unterschied zwischen dem Gehirn, also dem Intellekt, und dem Geist; bezeichnen Sie mit dem Wort »Geist« etwas anderes, eine Achtsamkeit?

Nein, wir bezeichnen mit dem Wort »Geist« die gesamten Prozesse des Denkens, der Erinnerung und des Wissens, und das schließt die Gehirnzellen mit ein.

Das schließt die Gehirnzellen mit ein?

Natürlich. Man kann die Gehirnzellen nicht vom Rest des Geistes trennen. Welche Funktion hat das Gehirn? Ist es ein Computer?

Ja, ich glaube schon.

Ein ganz besonderer Computer, der sich in Jahrtausenden entwickelt hat. Er ist das Ergebnis von Tausenden von Jahren der Erfahrung, des Strebens nach Sicherheit und des Willens zu überleben. Wir wissen so viel über alles, was sich in der äußeren Welt abspielt, doch sehr wenig über uns selbst.

Könnte es nicht sein, daß Schöpfung auch auf der Erinnerung und somit auf der Vergangenheit beruht? Sie sagten kürzlich, daß es tatsächlich nichts Neues unter der Sonne gebe.

»Es gibt nichts Neues unter der Sonne« – so steht es zumindest in der Bibel, Ecclesiastes sagt es. Verwechseln wir nicht Schöpfung mit Ausdruck und mit der Frage, ob ein schöpferischer Mensch sich ausdrücken muß? Denken Sie einmal über folgende Sätze nach: »Ich kann nur in dem Erfüllung finden, das in mir nach Ausdruck verlangt.«, »Ich spüre, daß in mir ein Künstler steckt und ich malen oder Gedichte schreiben muß.« Muß Schöpfung sich überhaupt ausdrücken? Weist der künstlerische Ausdruck eines Individuums auf einen Geist hin, der frei und kreativ ist? Verstehen Sie? Man schreibt ein Gedicht, malt ein Bild – weist das tatsächlich auf einen schöpferischen Geist hin? Was bedeutet »Kreativität«? Doch nicht die mechanische Wiederholung der Vergangenheit.

Ich glaube, Kreativität muß ihren Ausdruck finden, sonst gäbe es gar keine Welt.

Kreativität muß sich ausdrücken? Was bedeutet »Kreativität«? Was empfindet der schöpferische Geist?

Der Geist ist inspiriert, wenn er etwas Gutes und Schönes erschaffen kann.

Braucht ein schöpferischer Geist Inspiration? Muß der Geist nicht frei sein, um schöpferisch sein zu können – frei? Andernfalls wiederholt er einfach. Diese Wiederholungen mögen neue Ausdrucksformen sein, doch es bleiben Wiederholungen, etwas Mechanisches. Kann ein mechanisch funktionierendes Bewußtsein schöpferisch sein? Das Bewußtsein eines Menschen, der wunderbare Gedichte oder wunderbare Theaterstücke schreibt, obwohl er von Konflikten zerrissen, voller Spannungen und Neurosen ist – kann es wirklich schöpferisch sein?

Es muß im »Jetzt« sein, und nicht …

Was bedeutet es, im »Jetzt« zu sein? Es kann nicht mechanisch sein. Es kann nicht die ganze Last des Wissens, der Traditionen mit sich schleppen. Im »Jetzt« zu sein bedeutet, daß der Geist wirklich absolut frei ist, frei von Angst ist. Das ist Freiheit, nicht wahr?

Doch er muß dennoch nach Sicherheit streben, das ist die Funktion des Verstandes.

Natürlich ist es die Funktion des Gehirns, nach Sicherheit zu streben. Doch ist es wirklich sicher, wenn es sich selbst in bezug auf Nationalismus und religiöse Glaubenssysteme konditioniert, wenn es sagt, das ist meins, das ist deins und so weiter?

Mir scheint, daß ohne Gegensätze kein Wachstum möglich ist. Wir sind nun einmal in der Hirnstruktur so beschaffen.

Tatsächlich?

Ohne Oben gibt es kein Unten, ohne Weite keine Enge.

Wir wollen das gemeinsam untersuchen: Wir haben von jeher so gelebt, seit Millionen von Jahren bewegen wir uns zwischen dem Guten und dem Bösen, zwischen Haß, Eifersucht und Liebe, zwischen Zärtlichkeit und Brutalität, zwischen Gewalt und Freundlichkeit. Und wir behaupten, daß wir das akzeptiert haben, weil es die Realität ist. Ist diese Art zu leben wirklich die Realität? Kann ein Mensch, der zwischen Haß und Eifersucht, zwischen Vergnügen und Angst hin und her treibt, wirklich erkennen, was Liebe ist? Kann ein Bewußtsein schöpferisch sein, der stets nach Ausdruck, Erfüllung, Ruhm oder Anerkennung strebt, dem daran liegt etwas zu werden oder »etwas zu sein«, wie wir sagen? Das ist Teil unserer Gesellschaftsstruktur, Teil unserer Konditionierung. Wenn sich im Bewußtsein alles darum dreht, »etwas zu werden« oder zu sein (»ich war dies und ich werde das sein«), so ist da stets die Angst vor dem Tod, die Angst vor dem Unbekannten, und daher klammert sich das Bewußtsein an das Bekannte. Kann ein solches Bewußtsein je schöpferisch sein? Kann Schöpfung aus Spannung, Widerstand, Verzerrung hervorgehen?

Kreativität ist Freude, Vorstellungskraft.

Wissen Sie überhaupt, was Freude bedeutet? Ist Freude Lust, Vergnügen?

Nein.

Sie sagen »Nein«, aber das ist es, wonach Sie streben, ist es nicht so? Vielleicht erleben Sie einen Augenblick großer Ekstase, großer Freude, und dann denken Sie darüber nach. Durch das Nachdenken reduzieren Sie sie zum Vergnügen. Wir ziehen so schnell unsere Schlüsse, doch ein Bewußtsein, das einen Schluß gezogen hat, ist nicht frei. Versuchen Sie herauszufinden, ob man ohne Überzeugungen leben kann. Leben Sie jeden Tag ein Leben ohne Vergleiche. Sie ziehen Schlußfolgerungen, weil Sie vergleichen. Leben Sie ein Leben ohne Vergleich. Tun sie es und sie werden herausfinden, was sich an Außergewöhnlichem ereignet.

Was geschieht, wenn nur die reine Erfahrung existiert und diese Erfahrung Angst oder Wut ist?

Was geschieht, wenn man nur in der Erfahrung lebt, ohne daß diese Erfahrung gespeichert und in der Zukunft wiedererkannt wird? Ich meine, wir müssen zunächst herausfinden, was mit dem Wort »erfahren« gemeint ist. Bedeutet es nicht »durch etwas hindurchgehen«? Umfasst es nicht auch »erkennen«? Wie wollte man sonst wissen, daß man eine Erfahrung hatte? Wenn ich eine Erfahrung nicht erkennen würde, könnte ich sie dann erfahren haben?

Kann da nicht einfach die reine Erfahrung existieren?

Gehen Sie einen Schritt weiter. Wozu brauchen wir überhaupt Erfahrungen? Wir alle wünschen uns Erfahrungen; das Leben langweilt uns, weil wir aus ihm eine mechanische Angelegenheit gemacht haben. Deshalb verlangen wir nach größeren, tieferen, transzendentalen Erfahrungen. So wollen wir, beispielsweise durch Meditation, aus dieser Öde in das sogenannte Göttliche flüchten. Erfahrung umfasst das Erkennen von etwas, das geschehen ist. Sie können nur dann etwas erkennen, wenn eine Erinnerung an etwas, das bereits geschah, vorhanden ist. Wir müssen uns also fragen: Weshalb verlangen wir überhaupt nach

Erfahrungen? Um aufzuwachen, weil wir so tief schlafen? Sind sie eine Herausforderung, auf die wir gemäß unseres Hintergrundes, das heißt des Altbekannten, reagieren?
Ist es möglich, sein Leben so zu leben, daß der Geist so klar, so wach und sich selbst ein Licht ist, daß er keine Erfahrungen braucht? Das bedeutet, ein Leben ohne Konflikte zu führen; es bedeutet, daß der Geist höchst sensitiv und intelligent ist und nichts braucht, das ihn herausfordert oder weckt.

Brockwood Park *12. September 1970*

Spaltung und Einheit

Die Stille des Geistes, die absolute innere Stille,
erfordert eine außerordentliche Disziplin;
in diesem Zustand hat der menschliche Geist
eine religiöse Qualität der Einheit,
und daraus ergibt sich ein Handeln ohne Widersprüche.

Eines der wichtigsten Probleme, die es zu lösen gilt, ist das Herstellen einer vollkommenen inneren Einheit, eines Zustandes jenseits des fragmentarischen, egozentrischen Kreisens um das »Ich« – ganz gleich, ob es auf der sozialen, ökonomischen oder religiösen Ebene stattfindet. Das »Ich« und das »Nicht-Ich«, das »Wir« und das »Sie« sind die Faktoren der Trennung.

Ist es überhaupt möglich, jemals über die egozentrische Beschäftigung mit dem Selbst hinauszugehen? Wenn etwas »möglich« ist, steht uns eine Menge Energie zur Verfügung, doch das Gefühl, etwas sei nicht möglich, raubt uns Energie und wir lassen uns treiben, was ja für die meisten von uns zutrifft, und geraten von einer Falle in die andere. Wie ist das also möglich, – in Anbetracht der erheblichen tierhaften Aggressivität und Gewaltbereitschaft des Menschen, – in Anbetracht seines vielfach dummen und bösartigen Handelns, seiner Verstrickung in die verschiedensten Glaubenssysteme, Dogmen und separatistischen Theorien, – und angesichts der Tatsache, daß er gegen ein bestimmtes System oder Establishment rebelliert, um dem nächsten anheimzufallen? Was kann man also tun, wenn man die Situation des Menschen sieht, wie sie ist? Ich meine, das ist die Frage, die jeder Mensch, der sensibel, wach und bewußt wahrnimmt, was um ihn herum geschieht, sich unweigerlich stellen muß. Es ist keine intellektuelle oder hypothetische Frage, sondern eine, die uns das Leben selbst stellt. Es ist keine Frage, die den wenigen, besonderen

Augenbicken vorbehalten ist, sondern uns Tag und Nacht, jahraus jahrein beschäftigt, bis wir in der Lage sind, ein vollkommen harmonisches Leben zu führen ohne innere Konflikte und ohne äußere Konflikte mit der Welt.

Konflikte entstehen, wie man beobachten kann, aus der egozentrischen Beschäftigung mit dem Selbst, die den Wünschen und Begierden solch ungeheure Bedeutung verleiht. Wie kann man über dieses unbedeutende, schäbige, kleine Selbst hinausgehen? (Es ist schäbig, auch wenn wir es Seele oder Atman nennen. Das sind nur schöne Worte, die wir erfunden haben, um unsere Korrumpiertheit zu vertuschen.) Wie kann man darüber hinausgehen?

Da wir nicht fähig zu inneren, psychischen Veränderungen sind, wenden wir uns äußeren Forderungen zu: Ändert die Lebensbedingungen, die Gesellschaftsstruktur, die wirtschaftlichen Verhältnisse, und der Mensch wird sich unweigerlich ebenfalls ändern! Doch diese Theorie hat sich als absolut falsch erwiesen, obwohl die Kommunisten auf ihr beharren. Und die religiösen Führer sagten: Glaubt, folgt und gebt euch in die Hände von dem, was über euch steht und größer ist als ihr. Doch auch diese Glaubenssätze haben ihre Wirkung eingebüßt, denn sie sind nichts Reales, sie sind einfach eine intellektuelle Erfindung, es sind leere Worte, die jeglicher Tiefe entbehren. Aber auch die eigene Identifikation mit dem Vaterland hat nichts Gutes hervorgebracht – lediglich furchtbare Kriege, Leid und Verwirrung und immer schärfere Trennungen. Was kann man tun, wenn man all das bewußt sieht? Sollte man vielleicht in ein Kloster flüchten oder Zen-Meditation erlernen, sollte man sich eine bestimmte Philosophie zueigen machen und sich ihr weihen, sollte man Meditation als Mittel zur Flucht und Selbsthypnose benutzen? Man sieht all diese Möglichkeiten – so wie sie tatsächlich sind und nicht nur auf der verbalen oder intellektuellen Ebene – und sieht gleichzeitig, daß sie nirgendwohin führen. Wird man sie dann nicht unweigerlich alle verwerfen, verneinen, absolut, total?

Man erkennt die Absurdität jeglicher Form von Identifikation mit etwas Größerem und die Absurdität der Hoffnung, die Umwelt könne den Menschen umformen; man erkennt, wie falsch das alles ist. Man sieht die Oberflächlichkeit jedes Glaubens, wie kultiviert oder primitiv auch immer. Läßt man, wenn man das erkannt hat, nicht all diese Dinge hinter sich – ich meine tatsächlich, nicht nur theoretisch? Wenn man das tut – und das ist gewiß keine leichte Aufgabe –, ist ein Bewußtsein erforderlich, das die Dinge vollständig erfassen kann, wie sie sind, ohne jegliche Verzerrung und ohne sie nach eigenen Vorlieben oder Abneigungen zu interpretieren. Was geschieht dann mit der Qualität des menschlichen Geistes? Bringt er nicht unmittelbares Handeln hervor – Handeln, das Intelligenz ist? Man sieht die Gefahr und handelt. Diese Intelligenz kennt keine Trennung zwischen Sehen und Handeln. In der Wahrnehmung selbst liegt Handlung. Wenn man nicht handelt, beginnt der Schwachsinn, gerät man aus dem Gleichgewicht. Dann sagen wir: »Ich kann das nicht tun, es ist zu schwierig, was soll ich tun?«
Wenn wir auf der psychischen Ebene eine Einstellung haben, die unser Handeln bestimmt, dann erleben wir Spaltung und folglich einen Konflikt. Dieser Konflikt zwischen der Einstellung und der Handlung ist eines der verwirrendsten Phänomene unseres Lebens. Ist es nicht möglich, ohne Begriffe zu handeln? Das heißt, Sehen und Handeln erfolgen ungetrennt. Wenn wir uns in großer physischer Gefahr, in einer Krise befinden, tun wir genau das: wir handeln unmittelbar. Ist es möglich, so zu leben? Das heißt: Ist es möglich, beispielsweise die Gefahr des Nationalismus oder religiöser Dogmen, die Menschen gegen Menschen stellen, so klar zu sehen, daß dieses Erkennen und das Verstehen dieser Gefahren eins sind? Es geht nicht darum zu glauben, daß diese Dinge falsch und gefährlich sind. Glauben hat nicht das Geringste mit Wahrnehmung zu tun, im Gegenteil, Glauben verhindert die Wahrnehmung. Wenn Sie eine Formel, eine Tradition oder ein Vorurteil haben, wenn Sie Hindu, Jude, Araber oder Kommunist sind, dann gebiert diese Trennung Feindschaft, Haß, Gewalt, und

Sie sind unfähig, die Wirklichkeit wahrzunehmen. Jegliche Trennung zwischen Vorstellung und Handlung bringt Konflikte hervor, und diese Konflikte sind neurotisch, verrückt. Kann der menschliche Geist direkt sehen, so daß schon in diesem Sehen das Handeln liegt? Das erfordert Achtsamkeit, Wachheit, das erfordert eine geistige Regsamkeit, eine Empfindsamkeit.

Man erkennt also, daß man eine klare, scharfe, empfängliche und intelligente Wahrnehmung braucht – und dann fragt man: »Wie kann ich sie bekommen, sie mir aneignen?« Doch schon diese Frage führt zur Spaltung. Wenn man hingegen die Wirklichkeit klar sieht, also was tatsächlich vor sich geht, dann bringt dieses Sehen bereits das richtige Handeln hervor. Ich hoffe, das ist deutlich geworden.

Jegliche Form des Konflikts, ganz gleich ob innerlich oder äußerlich – und es gibt in Wirklichkeit keine Trennung zwischen dem Inneren und dem Äußeren –, ist eine Verzerrung. Ich glaube, das wird nicht genügend klar erkannt. Wir sind so an unsere Konflikte und Kämpfe gewöhnt; wir glauben sogar, daß wir nicht wachsen, uns nicht weiterentwickeln, nicht kreativ sind, nicht richtig funktionieren, wenn keine Konflikte vorhanden sind. Wir suchen Widerstand, doch wir sehen nicht, was er mit sich bringt: nämlich die Spaltung. Kann der Geist also ohne Konflikte, ohne Widerstände handeln, da er erkennt, daß jegliche Form der Reibung, jegliche Form des Widerstands zur Spaltung führt, die in einen neurotischen, konflikterzeugenden Zustand mündet?

Sobald Wahrnehmung und Handlung ohne gedanklichen Bezug sind, hört die Aktivität des Zentrums auf: des Selbst, des Ich, des Ego, des Libido, des Beobachters, des Zensors, des Kontrollierenden, des Denkenden, des Erfahrenden – oder welches Wort auch immer wir für die Beschreibung des »Inneren« wählen. Das Zentrum aller psychischen Gedankenkonstruktionen (nicht der praktischen oder wissenschaftlichen Kenntnisse) ist das »Ich«. Wenn wir einer Herausforderung gegenüberstehen, dann ist die aus unserem Zentrum, dem »Ich«, kommende Reaktion eine Reaktion aus der Vergangenheit. Dagegen kommt beim unmittelbaren Sehen und unmittelbaren Handeln das »Selbst« überhaupt nicht ins Spiel.

Dieses Zentrum ist der Hindu, der Araber, der Jude, der Christ, der Kommunist und so weiter. Wenn dieses Zentrum reagiert, so repräsentiert diese Reaktion die alte Konditionierung, das Produkt jahrtausendealter religiöser und gesellschaftlicher Propaganda. Und so muß die Reaktion unweigerlich zu Konflikten führen.

Wenn man etwas sehr klar sieht und dabei handelt, gibt es keine Spaltung. Man kann das nicht aus Büchern lernen, man kann es nur durch Selbst-Erkenntnis, nur direkt, nicht durch Wissen aus zweiter Hand erlernen.

Kann der Mensch, indem er die Vergänglichkeit aller Dinge erkennt, etwas finden, das zeitlos ist? Unser Gehirn ist ein Produkt der Zeit; er wurde im Laufe von Jahrtausenden konditioniert. Seine Gedanken sind Produkte der Erinnerung, des Wissens, der Erfahrungen. Dieses Denken kann niemals etwas Neues entdecken, weil es der alten Konditionierung entspringt; es ist immer alt, es ist niemals frei. Alles, was die Gedanken projizieren, spielt sich im Bereich der Zeit ab. Die Gedanken mögen Gott erfinden, einen zeitlosen Zustand, einen Himmel, doch all das bleibt ihr eigenes Produkt und daher an die Zeit, an die Vergangenheit gebunden. Und somit ist es nicht wirklich.

Weil der Mensch das Wesen der Zeit erkannte – der psychischen Zeit, in der das Denken eine so außerordentliche Bedeutung erlangte –, hat er schon immer etwas Jenseitiges gesucht. Er macht sich auf, um es zu finden, doch er verstrickt sich im Glauben. Aus seiner Angst heraus erfindet er eine wunderbare Gottheit. Er mag versuchen, sie mit Hilfe einer Meditationspraxis zu finden, doch repetitive Praktiken können höchstens den Geist ein wenig beruhigen und abstumpfen. Er kann endlos Mantras wiederholen. Dadurch bekommt der Geist etwas Mechanisches, ziemlich Stupides. Er mag auf eine mystische, übernatürliche, transzendente Ebene abheben, die er für sich selbst projiziert, doch das hat nicht das Geringste mit Meditation zu tun.

Meditation impliziert ein so außerordentlich klares Bewußtsein, daß jegliche Form der Selbsttäuschung endet. Man kann sich endlos der Selbsttäuschung hingeben, und im allgemeinen ist die sogenannte Meditation eine Form der Selbsthypnose: Man hat Visionen, die der eigenen Konditionierung entsprechen. Es ist so einfach. Wenn Sie Christ sind, werden Sie Ihren Christus sehen, sind Sie Hindu, werden Sie Ihren Krishna oder einen anderen der unzähligen Hindu-Götter sehen. Doch Meditation hat mit all dem nichts zu tun: Es ist die absolute Stille des Geistes, eine absolute Ruhe des Gehirns. Die Grundlage für die Meditation muß im täglichen Leben durch das eigene Verhalten, durch das eigene Denken gelegt werden. Man kann nicht gewalttätig sein und meditieren, das ist sinnlos. Wenn auf der psychischen Ebene irgendeine Angst existiert, ist Meditation ganz offensichtlich ein Fluchtversuch. Für die Stille des Geistes, seine vollkommene Ruhe, ist außergewöhnliche Disziplin nötig. Ich meine nicht die Disziplin der Unterdrückung, der Anpassung, der Autoritätsgläubigkeit, sondern die Disziplin des Lernens, die den ganzen Tag über wirkt, jede Gedankenbewegung wahrnimmt. Dann hat der menschliche Geist eine religiöse Qualität der Einheit, und nur dieser Zustand bringt ein Handeln ohne Widersprüche mit sich.

Welche Rolle spielen eigentlich Träume bei all dem? Verstand und Gemüt sind nie in Ruhe, die unaufhörliche Aktivität, die den ganzen Tag über anhält, setzt sich auch während des Schlafes fort. Die Sorgen, die Belastungen, die Verwirrung, die Spannungen, die Ängste und die Vergnügungen lassen uns auch während wir schlafen nicht los. Sie drücken sich in deutlicher Symbolik in Träumen aus. Kann der Geist, können Verstand und Gemüt während des Schlafes völlig still sein? Das ist möglich – aber nur, wenn die Sorgen und Mühen des Tages in jeder Minute bewußt verstanden werden, so daß man damit abgeschlossen hat und sie nicht mit in den Schlaf nimmt. Ob Sie beleidigt oder gelobt werden, schließen Sie schon im Augenblick des Geschehens damit ab, so daß der Geist vollkommen frei von Problemen ist. Dann stellt sich während Ihres Schlafes ein völlig anderer Zustand ein. Verstand und Gemüt befinden sich in vollkommener Ruhe, man schleppt die Angelegenheiten des Tages nicht mit sich herum, sondern schließt sie mit jedem Tag ab.

Wenn man durch all dies hindurchgegangen ist, erkennt man, daß Meditation jene Qualität des Geistes ist, in der er frei von jeglichem Wissen ist – und doch benutzt ein solcher Geist Wissen. Weil er frei vom »Bekannten« ist, kann er das »Bekannte« benutzen, und während er das tut, ist er gesund, objektiv, unpersönlich und undogmatisch.

Und auf diese Weise geschieht es, daß in dieser Stille des Geistes eine Qualität liegt, die zeitlos ist. Doch, wie bereits gesagt, die Erklärung, die Beschreibung ist nicht das Erklärte oder Beschriebene. Die meisten von uns geben sich mit Erklärungen oder Beschreibungen zufrieden. Wir müssen uns von den Wörtern freimachen, denn das Wort ist nicht die Sache. Wenn man auf diese Weise lebt, hat das Leben eine ganz andere Schönheit, es erwächst daraus eine umfassende Liebe, die nichts mehr mit Lust oder Vergnügen zu tun hat, denn Verlangen und Vergnügen sind an Gedanken gebunden, und Liebe ist kein Ergebnis des Denkens.

Wenn ich mich selbst beobachte, nehme ich einen sehr schnellen Wechsel von Gedanken und Gefühlen wahr und bin nicht in der Lage, einen einzigen Gedanken bis zu seinem Ende zu verfolgen.

Wir sehen uns stets einer Kette von Ereignissen gegenüber. Was können Sie tun? Wenn Sie aufpassen und versuchen, einen Gedanken ganz bis zu seinem Ende zu verfolgen und zu verstehen, folgt ein anderer. Das setzt sich immer so fort. Ihr Problem ist folgendes: Während Sie aufpassen, sind Sie gleichzeitig die Quelle der Vervielfältigung der Gedanken, und so können Sie einen einzelnen Gedanken nicht bis zu seinem Ende verfolgen. Was können Sie tun? Stellen Sie die Frage anders. Warum plappert der Verstand unaufhörlich? Warum setzt sich dieser innere

Monolog fort? Was geschieht, wenn er sich nicht fortsetzt? Ist der Wunsch, mit etwas beschäftigt zu sein, der Grund für dieses innere Plappern? Was geschieht, wenn Sie mit nichts beschäftigt sind? Wenn Sie Hausfrau sind, sind Sie mit Ihrer Hausarbeit beschäftigt, oder Sie sind ein beschäftigter Geschäftsmann – Beschäftigung ist zur Manie geworden. Weshalb verlangen Gemüt und Verstand nach dieser ständigen Beschäftigung und diesem Geplapper? Was geschieht, wenn das innere Plappern aufhört, wenn Verstand und Gemüt nicht beschäftigt sind? Steckt Angst dahinter? Angst wovor?

Die Angst, nichts zu sein?

Die Angst vor der Leere, die Angst vor Einsamkeit, die Angst, sich des Chaos im eigenen Innern bewußt zu werden. Daher muß man sich mit etwas beschäftigen, so wie der Mönch mit seinem Erlöser und seinen Gebeten beschäftigt ist. In dem Moment, in dem er damit aufhört, ist er wie alle anderen, er hat Angst. Sie wollen also beschäftigt sein, weil Sie Angst haben herauszufinden, was Sie sind. Solange Sie das Problem der Angst nicht lösen, wird Ihr Verstand weiterplappern.

Wenn ich mich selbst beobachte, wird die Angst stärker.

Natürlich. Es geht also weniger um die Frage, wie man das Zunehmen der Angst verhindern kann, sondern um die Frage, ob Angst aufhören kann. Was ist Angst? Vielleicht fühlen Sie, während Sie hier sitzen, keine Angst und können daher im Augenblick nicht auf sie eingehen, sie untersuchen und aus ihr lernen. Aber Sie können sofort, in diesem Augenblick, erkennen, daß Sie abhängig sind, nicht wahr? Sie sind abhängig von Ihrem Freund oder Ihrer Freundin, von Ihrem Buch, Ihren Vorstellungen, Ihrem Ehemann; die psychische Abhängigkeit ist ständig da. Warum sind Sie abhängig? Weil es Ihnen einen gewissen Trost bietet, ein Gefühl der Sicherheit und des Wohlbefindens, der Gemeinsamkeit? Wenn diese gegenseitige Abhängigkeit ins

Wanken gerät, werden Sie eifersüchtig, zornig und was sonst daraus folgt. Oder Sie versuchen, Ihre Freiheit zu kultivieren, unabhängig zu werden. Weshalb tut der Verstand all das? Weil er selbst leer, dumm, stumpf, seicht ist? Seine Abhängigkeit verleiht ihm eine gewisse Bedeutung.

Der Verstand plappert, weil er mit irgend etwas beschäftigt sein muß; das kann etwas Erhabenes sein wie Religion oder etwas sehr Niedriges, wie beispielsweise die Dinge, die einen Soldaten beschäftigen. Der Geist braucht diese Beschäftigung, weil er sonst etwas entdecken könnte, das ihn zutiefst erschreckt, etwas, womit er nicht fertigwerden kann.

Was ist Angst? Bezieht sie sich nicht auf etwas, das ich in der Vergangenheit tat oder für die Zukunft befürchte? Der vergangene Vorfall und der zukünftige Unfall, die vergangene Krankheit und das für die Zukunft erwartete Wiederkehren der Schmerzen: unsere Gedanken sind es, die diese Angst erzeugen. Denken ruft Angst hervor, ebenso wie es Vergnügen stützt und aufrecht erhält. Kann das Denken zum Stillstand kommen? Kann es aufhören, so daß Angst und Vergnügen ihren Nährboden verlieren? Wir wollen das Vergnügen, wir wollen, daß es nicht aufhört, aber die Angst wollen wir beiseite schieben. Wir sehen nie, daß die beiden untrennbar sind.

Unser Denkapparat ist also dafür verantwortlich, daß Vergnügen und Angst sich unaufhörlich fortsetzen. Kann diese Maschinerie zum Stillstand kommen? Wenn Sie die außerordentliche Schönheit eines Sonnenunterganges sehen, dann sehen Sie sie einfach, aber bewerten Sie sie nicht mit Ihren Gedanken, sagen Sie sich nicht: »Ich muß sie in meinem Gedächtnis bewahren oder wiedererleben.« Handeln bedeutet, diese Schönheit zu sehen und dann damit abzuschließen. Die meisten führen ein Leben des Nicht-Handelns, und deshalb setzt sich das innere Geplapper endlos fort.

Soll man dieses innere Geplapper einfach beobachten, wenn es nicht aufhört?

Werden Sie sich dieses Geplappers bewußt – aber ohne zu wählen. Das heißt: Versuchen Sie nicht, es zu unterdrücken, sagen Sie nicht »es ist falsch oder richtig«, oder »ich muß es überwinden«. Wenn Sie dieses innere Geplapper beobachten, werden Sie entdecken, weshalb es überhaupt da ist. Wenn Sie das erfahren haben, hört es auf, ohne daß Sie ihm Widerstand entgegengesetzt hätten. Durch Negieren sind Sie zum Positiven gelangt.

Brockwood Park *13. September 1970*

Die psychische Revolution

Angesichts dieser ungeheuren inneren und äußeren Zerrissenheit ist nur eines von Bedeutung: Die Menschen müssen eine radikale, tiefgreifende Revolution in ihrem Innern vollziehen.

Das Leben ist ernst; man muß sich mit Herz und Verstand total darauf einlassen – man kann nicht damit spielen. Es gibt so viele Probleme, soviel Verwirrung in der Welt, die Gesellschaft ist korrupt, und die verschiedenen religiösen Gruppen und politischen Lager sind gespalten. Es herrschen große Ungerechtigkeit, großes Leid und große Armut, und ich meine nicht nur die äußere Armut, sondern auch die innere. Jeder ernsthafte, einigermaßen intelligente Mensch, der nicht nur sentimental ist, muß in Anbetracht dieses ganzen Elends die Notwendigkeit der Veränderung erkennen. Veränderung ist entweder eine totale innere Revolution im gesamten Wesen des Menschen, oder sie ist einfach nur ein Versuch, die sozialen Strukturen zu reformieren. Ein echter Wendepunkt im Leben des Menschen, in Ihrem und meinem, ist die Frage, ob eine solche totale innere Revolution vorbereitet werden kann – unabhängig von Nationalität und religiöser Zugehörigkeit.

Wir haben diese Gesellschaft geschaffen. Unsere Eltern und davor deren Eltern haben diese korrupte Struktur errichtet, und wir sind das Produkt dieser Strukturen. Wir sind die Gesellschaft, wir sind die Welt, und wenn wir uns selbst nicht radikal, nicht wirklich sehr, sehr tiefgreifend ändern, kann sich auch die Gesellschaftsstruktur niemals verändern. Die meisten von uns sind sich dessen nicht bewußt. Jeder, vor allem die jüngere Generation, sagt: »Wir müssen die Gesellschaft verändern.« Wir reden viel, aber wir tun nichts in dieser Hinsicht. Wir selbst sind es, die sich ändern müssen, nicht die Gesellschaft – bitte machen Sie sich das klar. Wir müssen in unserem Innern auf den höchsten und den tiefsten Ebenen eine Veränderung unserer gesamten Denkweise, Lebensweise und unserer Art zu fühlen vollziehen. Nur dann ist der soziale Wandel möglich. Die reine Sozialrevolution, das äußerliche Verändern der Gesellschaftsstruktur durch einen physischen Umsturz, bringt unweigerlich, wie wir immer wieder beobachten konnten, Diktaturen oder totalitäre Staaten hervor, die jegliche Freiheit verwehren.

Einen solchen inneren Wandel zustande zu bringen ist eine Lebensaufgabe, nicht etwas, womit man sich ein paar Tage beschäftigt, um es dann zu vergessen. Es ist eine ständige Anforderung, ein ständiges bewußtes Wahrnehmen dessen, was sich wirklich im Inneren und Äußeren abspielt.

Wir müssen in Beziehungen leben, ohne sie können wir nicht existieren. Wirklich in Beziehung stehen bedeutet, total, ganz zu leben, und dazu bedarf es einer radikalen Transformation in uns selbst. Doch wie sollen wir uns radikal transformieren? Falls Sie wirklich ernsthaft daran interessiert sind, werden wir darüber kommunizieren, wir werden zusammen denken, fühlen und verstehen. Also: Wie kann der Mensch – Sie und ich – sich vollkommen ändern? Das ist die Frage, und nicht anderes zählt. Und es ist nicht nur eine Frage für die Jungen, sondern ebenso für die Alten.

Auf dieser Welt herrscht ungeheure Qual, ungeheures Leid, ungeheure Brutalität und Gewalttätigkeit, finden Kriege statt, gibt es Hungersnöte, von denen Sie nicht einmal wissen. Man erkennt, daß soviel getan werden könnte, gäbe es nicht diese weitgehende Zersplitterung, sowohl in der politischen Welt mit ihren vielen Parteien als auch in den Religionen. Alle reden über den Frieden, verweigern ihn aber, denn Friede, Wirklichkeit und Liebe können nur existieren, wenn es keine Spaltung gibt.

In Anbetracht dieser weitgehenden inneren und äußeren Zersplitterung ist, ich sage es noch einmal, nur eines von Bedeutung:

Die Menschen müssen eine radikale, tiefgreifende Revolution in ihrem Innern vollziehen. Das ist ein sehr ernstes Problem, eine Frage, die unser ganzes Leben betrifft. Es geht dabei um Meditation, Wahrheit, Schönheit und Liebe. Das sind nicht nur Worte. Man muß eine Lebensweise finden, in der diese Dinge Realität werden.

Zum Wichtigsten im Leben gehört die Liebe. Doch was wir Liebe nennen, ist immer mit Sex verknüpft. Sex ist so ungeheuer wichtig geworden, alles scheint sich um Sex zu drehen. Weshalb messen Menschen überall in der Welt, – ganz gleich, welcher Kultur sie entstammen, ganz gleich, was ihre religiösen Gebote sagen, – der Sexualität eine so ungeheure Bedeutung bei? Und weshalb wird das Wort »Liebe« damit verknüpft?

Wenn Sie Ihr eigenes Leben betrachten, sehen Sie, wie mechanisch es geworden ist. Unsere Erziehung ist mechanisch; wir sammeln Wissen, Informationen an, und unser Wissen wird allmählich mechanisch. Wir sind Automaten, Menschen aus zweiter Hand. Wir wiederholen, was andere bereits gesagt haben. Wir lesen ungeheuer viel. Wir sind das Ergebnis jahrtausendelanger Propaganda. Auf der psychischen und intellektuellen Ebene verhalten wir uns mechanisch. Doch ein Automat kennt keine Freiheit, und Sex gibt uns Freiheit. Zumindest für ein paar Sekunden erleben wir Freiheit, wir vergessen uns selbst und unser mechanisches Leben. Deshalb ist Sex so ungeheuer wichtig geworden. Und die damit verbundene Lust nennen wir Liebe. Aber ist Liebe Lust? Oder ist Liebe etwas vollkommen anderes, etwas, in dem Eifersucht, Abhängigkeit, Besitzdenken keinen Platz haben?

Man muß sein ganzes Leben hingeben, um herauszufinden, was Liebe ist, so wie man sein ganzes Leben hingeben muß, wenn man herausfinden will, was Meditation und was Wahrheit ist. Wahrheit hat nicht das geringste mit Glauben zu tun. Glaube kommt immer da auf, wo Angst herrscht. Man glaubt an Gott, weil man in sich selbst so unsicher ist. Man sieht, wie vergänglich alles im Leben ist – es gibt keine Sicherheit, keine Gewißtheit, keinen Trost, aber ungeheures Leid. Also projiziert der Verstand etwas Beständiges, das er Gott nennt, um sich zu trösten. Aber das hat mit Wahrheit nichts zu tun.

Wahrheit kann man nur finden, wenn keine Angst mehr existiert. Um zu verstehen, was Angst ist, physische wie psychische Angst, müssen wir wiederum außerordentlich achtsam sein. Wir haben unsere Lebensprobleme, die wir nicht verstanden und nicht transzendiert haben, und so erhalten wir diese korrupte Gesellschaft, deren Moral in Wirklichkeit unmoralisch ist, und in der Tugend, Güte, Schönheit und Liebe, von der wir soviel reden, bald korrumpiert sind.

Braucht es Zeit, diese Probleme zu verstehen? Findet Veränderung unmittelbar statt? Oder ist für ihr Zustandekommen zeitliche Entwicklung notwendig? Wenn Zeit erforderlich ist – das heißt, daß Sie am Ende ihres Lebens erleuchtet werden –, dann fahren Sie während dieser Zeit fort, die Saat der Korruption, des Krieges und des Hasses zu säen. Kann diese radikale innere Transformation also unmittelbar geschehen? Sie kann unmittelbar geschehen, wenn Sie alle diese Gefahren klar sehen. Es ist, als würden Sie sich der Gefahr eines Abgrunds, eines wilden Tieres, einer Schlange bewußt. Dann erfolgt Ihr Handeln unmittelbar. Aber wir sehen nicht die Gefahr dieser vielfachen Zersplitterung, die eintritt, sobald das »Selbst«, das »Ich«, sich wichtig macht und das »Ich« sich vom »Nicht-Ich« trennt. In dem Augenblick, in dem diese Spaltung in Ihnen stattfindet, entsteht unweigerlich ein Konflikt, und Konflite sind die Wurzeln der Korruption. So wäre es das Beste, wenn jeder für sich selbst die Schönheit der Meditation entdecken würde, denn nur ein freier und unkonditionierter Geist kann die Wahrheit erkennen.

Es ist wichtig, Fragen zu stellen, und zwar nicht nur, weil man sich damit öffnet, sondern weil man dadurch die Antworten selber findet. Wenn man die richtige Frage stellt, ist die richtige Antwort darin bereits enthalten. Und man muß alles im Leben in Frage stellen, ob man langes oder kurzes Haar trägt, wie man sich kleidet, wie man geht, wie man ißt, was man denkt, wie man fühlt – alles muß hinterfragt werden: Dann wird der Geist außerordentlich sensitiv, wach und intelligent. Ein solcher Geist kann lieben, allein ein solcher Geist weiß, was ein religiöser Geist ist.

Von welcher Art Meditation sprechen Sie?

Wissen Sie überhaupt, was Meditation bedeutet?

Ich weiß, daß es verschiedene Formen von Meditation gibt, aber ich weiß nicht, von welcher Sie sprechen.

Ein Meditationssystem ist keine Meditation. Bei einem System geht es um eine Methode, die man praktiziert, um schließlich irgend etwas zu erreichen. Doch was man wieder und wieder praktiziert, wird mechanisch, nicht wahr? Wie kann ein mechanisch funktionierender Geist die Freiheit haben zu beobachten, zu lernen, wenn er abgerichtet und verbogen und gequält wurde, um sich in das Muster zu zwängen, das er Meditation nennt, weil er erwartet, am Ende eine Belohnung zu erhalten.
In Indien und anderen östlichen Ländern gibt es unterschiedliche Schulen, die ihre Methoden der Meditation lehren – es ist wirklich äußerst abstoßend. Denn es bedeutet, daß der Geist darauf trainiert wird, mechanisch zu funktionieren. So wird ihm seine Freiheit genommen, und er ist nicht mehr fähig, das Problem zu verstehen.
Wenn wir also das Wort »Meditation« gebrauchen, meinen wir keine bestimmte Praxis. Wir haben keine Methode. Meditation bedeutet Achtsamsein, – sich bewußt sein, was man tut, was man denkt und was man fühlt, – achtsam sein ohne jede Absicht. Es bedeutet Beobachten, Lernen. Meditation heißt, sich der eigenen Konditionierung bewußt sein und sehen, wie man durch die Gesellschaft, in der man lebt und in der man erzogen wurde, und durch die religiöse Propaganda konditioniert wurde. Man ist sich all dessen ohne jede Wahl bewußt, ohne Verzerrung, ohne sich zu wünschen, daß es anders wäre. Aus dieser Bewußtheit entspringt Achtsamkeit, die Fähigkeit, vollkommen präsent

zu sein. Dann besitzt man die Freiheit, die Dinge so zu sehen, wie sie wirklich sind – ohne Verzerrung. Der Geist ist nicht länger verwirrt, er wird klar und empfänglich. Diese Meditation führt zu einer Qualität des Geistes , die vollkommene innere Stille ist, zu einer Qualität, über die wir zwar noch sprechen können, was aber sinnlos ist, solange es sie nicht gibt.

Wird dieser Weg der Meditation nicht zu größerer Isolation, zu mehr Verwirrung führen?

Vor allem, sind nicht die meisten Menschen schrecklich verwirrt? Sind Sie nicht sehr verwirrt? Schauen Sie den Tatsachen ins Auge, erkennen Sie, ob Sie verwirrt sind oder nicht. Ein verwirrter Mensch stiftet mit allem, was er tut, noch mehr Verwirrung. Ein verwirrter Mensch sagt: »Ich werde Meditation praktizieren.« oder »Ich werde herausfinden, was Liebe ist.« – wie kann ein verwirrter Geist irgend etwas finden außer der Projektion seiner eigenen Verwirrung? Was kann man tun, wenn man dies erkannt hat?

Man ist verwirrt und versucht in einen Geisteszustand zu gelangen, in dem man nicht mehr verwirrt ist. Man versucht dies und das, Drogen, Alkohol, Sex, religiöse Rituale, die verschiedensten Fluchtwege, Sie verstehen, man wirft Bomben, tut alles Mögliche. Zuallererst muß man aufhören zu agieren, man muß aufhören, etwas zu tun. Dann muß man alle Versuche einstellen, dieser Verwirrung auszuweichen, so daß keine Handlung von ihr ablenkt oder zu weiterer Verwirrung führt. Wenn jegliches Agieren aufhört, existiert nur noch die Verwirrung. Man kann ihr nicht entfliehen, und man versucht auch nicht, aus ihr herauszukommen oder sie durch Klarheit zu ersetzen. Die Gedanken entfernen sich nicht von ihr, was ja nur zu weiterer Verwirrung führen würde. Die Gedanken sind für den Augenblick nicht mit irgendwelchen Aktionen beschäftigt. Dann taucht die Frage auf: Nehmen Sie diese Verwirrung als etwas außerhalb von Ihnen Existierendes wahr, nehmen Sie sie als »Beobachter« wahr, oder sind Sie Teil dieser Verwirrung? Ist der »Beobachter« vom Beobachteten – der Verwirrung – getrennt? Falls der »Beobachter« vom Beobachteten getrennt ist, existiert ein Widerspruch, und gerade dieser Widerspruch ist die Ursache von Verwirrung. Es ist also von Bedeutung, auf welche Weise das Bewußtsein die Verwirrung wahrnimmt. Beobachtet es sie als etwas von sich Getrenntes, oder ist der »Beobachter« das Beobachtete? Verstehen Sie bitte diesen äusserst wichtigen Punkt. Im Augenblick, in dem Sie verstanden haben, werden Sie sehen, welch ungeheuren Unterschied dies im Leben macht – alle Konflikte lösen sich auf. Der »Beobachter« sagt nicht mehr: »Ich muß es ändern.«, »Ich muß Klarheit hineinbringen.«, »Ich muß die Verwirrung überwinden.«, »Ich muß versuchen, sie zu verstehen.«, »Ich muß ihr entkommen.«. All das sind Aktivitäten des »Beobachters«, der sich von der Verwirrung abgetrennt hat und daher einen Konflikt zwischen sich selbst und der Verwirrung geschaffen hat.

Ich gebe meine Verwirrung zu.

Aha! In dem Augenblick, in dem Sie sagen »Ich gebe meine Verwirrung zu.«, existiert eine Einheit, die etwas zugibt. Sie sind sich über die Bedeutung dieser Tatsache nicht im klaren. Ich beobachte – empfinde ich mich dabei als Außenstehender oder als Teil dieser Verwirrung? Wenn ich Teil dieser Verwirrung bin, wird der Geist vollkommen still, jegliche Bewegung kommt zum Stillstand, ich bin still, ich weiche nicht aus. Wenn also keine Trennung zwischen dem »Beobachter« und dem Beobachteten existiert, dann hört auch das Verwirrtsein auf.
Eine andere Frage lautete: »Ich soll von mir selbst lernen, aber was geschieht, wenn die Welt, in der ich lebe, über mich bestimmt, mich als Soldat einzieht, mich in den Krieg schickt, mir vorschreibt, was ich in politischer, wirtschaftlicher und religiöser Hinsicht tun soll? Es gibt Psychologen und es gibt Gurus aus dem Osten, und alle sagen mir, was ich tun soll. Wenn ich gehorche, und das verlangen sie alle von mir und versprechen

mir dafür Utopia, Nirwana, die Erleuchtung oder die Wahrheit, dann werde ich zu einem Automaten. Die Wurzel des Wortes »gehorchen« ist horchen, hören. Wenn ich ständig auf das höre, was andere mir sagen, werde ich allmählich gehorsam. Wenn ich von mir selbst lerne, lerne ich auch etwas über andere. Und wenn die Regierung mich auffordert, der Armee beizutreten, werde ich tun, was ich im Augenblick dieser Aufforderung als recht erkenne. Ein freier Geist ist nicht gehorsam. Ein freier Geist ist frei, weil in ihm keine Verwirrung herrscht. Dann werden Sie sagen: »Was nützt es, wenn es ein Individuum, einen Menschen mit einem solchen Geist gibt, während um ihn herum nur Korruption und Verwirrung herrschen?« Glauben Sie, Sie würden eine solche Frage stellen, wenn Sie einen solchen Geist hätten? Was bedeutet es, einen so absolut klaren und unverwirrten Geist zu haben?

Sicher gibt es dann keine Worte mehr?

Das sind Ihre Spekulationen, nicht wahr? Woher wollen Sie das wissen?

Worte sind die Grundlage von Ideen. Es gäbe keine Ideen mehr, und der Geist wäre frei. Wir hätten dann keine Beziehungen mehr und würden nichts mehr suchen. Wir würden in der Stille leben, in vollkommener Stille, und wir würden verstehen. Jeder kann einen freien Geist haben.

Ich verstehe sehr gut, was Sie sagen. Doch zunächst einmal möchte ich Sie fragen: Betrachten wir die Welt als etwas von uns Getrenntes? Sind »Sie« tatsächlich die Welt – nicht nur theoretisch? Empfinden Sie diese Qualität eines Geistes, der sagt: »Ich bin die Welt, die Welt ist ich, ich und die Welt sind keine getrennten Einheiten?« Das »Selbst« ist von der Gemeinschaft getrennt, das »Selbst« ist gegen die Welt, das »Selbst« ist gegen den Freund, gegen die Ehefrau, gegen den Ehemann. Das »Selbst« ist wichtig, nicht wahr? Und dieses »Selbst« fragt: »Was wird

aus der Welt, wenn es kein Selbst mehr gibt«? Versuchen Sie herauszufinden, ob Sie ohne das »Selbst« leben können, und Sie werden sehen, daß es wahr ist.
Zuvor wurde die Frage gestellt: »Was nützt der Welt ein einzelner Mensch mit einem klaren, freien, unbelasteten Bewußtsein – wozu ist das gut?« Wer stellt diese Frage? Derjenige, der verwirrt ist, oder derjenige, dessen Bewußtsein klar, frei und unverwirrt ist? Wer stellt diese Frage? Stellt die Blume diese Frage? Stellt Liebe diese Frage? Stellen Sie eine solche Frage, wenn Sie mit etwas ungeheuer Bedeutsamem konfrontiert sind? Fragen Sie: Welchen Wert hat es, wenn ich weiß, was Liebe ist, während die anderen es nicht wissen? Sie stellen diese Frage nicht, Sie lieben einfach. Wenn Sie völlig frei von inneren Ängsten sind und alle Menschen um Sie herum diese Ängste haben, fragen Sie dann: »Was nützt es, wenn ich frei von Angst bin, während alle anderen Angst haben?« Was tun Sie dann? Sie haben keine Angst, und die anderen haben Angst – was tun Sie? Sie versuchen, mir zu helfen, die Struktur, die Hintergründe der Angst zu verstehen.

Wie wollen Sie verhindern, daß Sprache Spaltung verursacht? Jede Sprache hat ihre eigene, besondere Struktur, ein ganz bestimmtes Muster, und das kann zum Hindernis werden.

Nun, wie überwindet man dieses Hindernis? Ist es nicht hinlänglich klar geworden, daß das Wort nicht die Sache ist? Ganz gleich, ob Sie ein italienisches, ein englisches oder ein griechisches Wort benutzen – das Wort ist nicht die Sache. Das Wort »Tür« ist nicht die Tür. Das Wort, die Beschreibung, die Erklärung ist nicht das Erklärte oder Beschriebene. Wenn man das verstanden hat, ist man nicht länger von Worten abhängig. Das Denken setzt sich aber aus Worten zusammen, es läuft immer in verbalen Strukturen ab, die unserem Gedächtnis entstammen. Das Denken ist durch Worte begrenzt, es ist der Sklave der Worte. Können Sie hören, ohne daß sich Worte störend einmischen? Sie sagen zu mir: »Ich liebe dich.«, doch was geschieht hier? Die Worte bedeuten überhaupt nichts, doch vielleicht spüren Sie eine Verbindung, die nicht der Reaktion des Denkens auf Worte entspringt, vielleicht läuft eine direkte Kommunikation ab. Der Geist, der sich bewußt ist, daß das Wort nicht die Sache ist und das Wort, also das Denken, stört, – dieser Geist hört frei und ohne Vorurteil zu – so wie er es tut, wenn Sie sagen: »Ich liebe dich.«.

Können Sie zuhören ohne zu interpretieren, ohne daß Ihre Vorurteile sich störend und verzerrend einmischen, – können Sie so zuhören, wie Sie vielleicht dem Lied eines Vogels lauschen? (In Italien gibt es so wenige Vögel, man tötet sie. Was sind wir doch für barbarische Menschen.) Können Sie dem Lied eines Vogels ohne verbalen Kommentar lauschen, ohne ihn zu benennen, ohne zu sagen: »Es ist eine Amsel, ich würde sie gerne noch länger singen hören.«. Können Sie ohne diese Einmischung lauschen, einfach lauschen – ja? Sie können es, nicht wahr? Nun, können Sie auf gleiche Weise dem lauschen, was in Ihrem Innern vor sich geht, – ohne Vorurteil, ohne Vorstellung, ohne Verzerrung, gerade so wie Sie vielleicht dieser Glocke (*im Hintergrund läutet eine Glocke*) lauschen, ohne irgend etwas damit zu assoziieren, indem Sie einfach dem reinen Klang lauschen? Dann sind Sie dieser Klang, Sie hören ihn nicht als etwas Getrenntes.

Das erfordert Übung.

Um so zu lauschen, müssen Sie also üben! Irgend jemand muß es Ihnen beibringen! Wenn irgend jemand es Ihnen beibringt, haben Sie ein Meister-Schüler-Verhältnis, die Autorität und den Lernenden. Haben Sie, als vorhin die Glocke läutete, ihrem Klang vollkommen wach gelauscht, ohne ihn zu interpretieren? Wenn Sie bemerkten, daß Sie zu sich selbst sagten: »Es ist Mittag.«, »Wieviel Uhr ist es?«, »Es ist Essenszeit.«, dann stellten Sie fest, daß Sie dem Klang nicht Ihre vollkommene Aufmerksamkeit geschenkt haben. So haben Sie gelernt – ohne daß es Ihnen jemand beibrachte –, daß Sie nicht zugehört haben.

Es besteht ein Unterschied zwischen einer läutenden Glocke oder einem singenden Vogel auf der einen Seite und einem Wort, das in einem Satz mit anderen Worten verknüpft ist. Einen Vogellaut kann ich isolieren, ein Wort in einem Satz jedoch nicht.

Wenn ich einem Vogel lausche, so ist das ein objektives, äußeres Hören. Aber kann ich mir selbst lauschen, während ich ein Wort im Kontext eines Satzes benutze, kann ich dem Wort lauschen und gleichzeitig frei von diesem Wort und seinem Kontext sein? Sie sagen vielleicht: »Das ist ein wunderschöner Tisch.« Sie haben dem Tisch eine bestimmte Wertschätzung verliehen, Sie haben ihn als schön bezeichnet. Ich schaue ihn an und sage vielleicht: »Was für ein häßlicher Tisch.« Das Wort bezeichnet also Ihr Gefühl, es ist nicht das wirkliche Objekt. Die Bezeichnung entsteht also durch eine Assoziation. Können Sie Ihren Freund anschauen ohne das Bild, das Sie sich von ihm gemacht haben, ohne das Bild, das nur aus Worten, aus Symbolen besteht? Wir können es nicht, weil wir nicht wissen, wie das Bild entstanden ist. Sie sagen mir etwas Angenehmes, und ich mache mir daraus ein Bild, ich mache mir die Vorstellung, daß Sie mein Freund sind. Ein anderer sagt mir etwas Unangenehmes, und ich mache mir auf ähnliche Weise ein Bild. Wenn ich Sie nun treffe, sehe ich Sie als Freund, wenn ich aber den anderen treffe, betrachte ich ihn nicht als Freund. Kann der Geist aufhören, Bilder zu erzeugen, ganz gleich, ob etwas Angenehmes oder Unangenehmes gesagt wird? Er kann aufhören, Bilder zu erschaffen, wenn ich absolut achtsam bin. Dann entstehen keine Bilder, und ich kann wirklich zuhören – zuhören ohne inneres Bild.

Könnten wir noch einmal auf das zurückkommen, was Sie anfangs über unsere individuelle Wandlung innerhalb der Gesellschaft sagten? Wie kann man sich selbst wirklich ändern, wenn man seine Beziehungen aufrechterhalten muß? Ich lebe in der kapitalistischen Welt, und alle meine Beziehungen müssen kapitalistisch geprägt sein, andernfalls würde ich verhungern.

Und wenn Sie in der kommunistischen Welt lebten, würden Sie sich auch dort anpassen.

Genau.

Was werden Sie also tun?

Wie kann ich mich ändern?

Sie haben die Frage gestellt: »Wenn ich in einer kapitalistischen Gesellschaft lebe, muß ich mich den kapitalistischen Bedingungen anpassen, aber auch wenn ich in einer kommunistischen, totalitären, bürokratischen Gesellschaft lebte, müßte ich genau das gleiche tun – was soll ich also tun?

Ich glaube nicht, daß es das gleiche wäre.

Doch, es ist das gleiche Muster. Dort hätten Sie vielleicht kurzes Haar und müßten arbeiten gehen und dies oder jenes tun, aber grundsätzlich befänden Sie sich im gleichen Strudel. Was werden Sie tun? Worauf kommt es einem Menschen an, der erkannt hat, daß die innere Wandlung das Wichtigste ist, ganz gleich, ob er hier oder dort lebt? Er muß sich selbst ändern. Was bedeutet das? Es bedeutet Freiheit von inneren Ängsten, Freiheit von Begierden, von Neid, von Eifersucht, von Abhängigkeiten, Freiheit von der Furcht vor Einsamkeit, von der Furcht vor Anpassung – nicht wahr? Wenn Sie all das in sich verwirklicht haben und keine Konformität mehr in sich entdecken, dann leben Sie ebenso gut hier wie dort. Doch unglücklicherweise ist uns die innere Revolution nicht so wichtig wie eine gelegentliche Veränderung der äußeren Verhältnisse.

Und was, wenn jemand mich tötet?

Oh! Niemand kann einen freien Menschen töten. Man kann sein Augenlicht auslöschen, aber innerlich ist er frei, nichts kann diese Freiheit antasten.

Würden Sie bitte »Egoismus« definieren?

Wenn Sie eine Definition wünschen, schauen Sie im Wörterbuch nach. »Definition« – ich bitte Sie – ich habe doch sehr deutlich gesagt, daß die Beschreibung nicht das Beschriebene ist. Was ist dieses Selbst, das sich ständig abtrennt, isoliert? Selbst wenn Sie jemanden lieben, wenn Sie mit diesem Menschen schlafen, stets existiert dieses abgetrennte Selbst mit seinem Ehrgeiz, seinen Ängsten, seinen Qualen, mit seiner Beschäftigung mit sich selbst aus Selbstmitleid. Solange dieses Selbst existiert, gibt es Trennung und folglich muß es Konflikte geben, nicht wahr? Wie kann dieses Selbst zum Verschwinden gebracht werden – und zwar mühelos? In dem Augenblick, in dem Sie sich darum bemühen, haben Sie plötzlich ein sogenanntes »höheres Selbst«, das das »niedere Selbst« dominiert. Wie kann der Geist jenes Phänomen, genannt »Selbst«, auflösen? Was ist das Selbst? Besteht es einfach aus einer Anhäufung von Erinnerungen? Oder ist es etwas Dauerhaftes? Wenn es aus einer Ansammlung von Erinnerungen besteht, gehört es der Vergangenheit an. Das ist das einzige, was Sie haben, es ist nichts Dauerhaftes. Das Selbst ist das »Ich«, das Wissen und Erfahrungen in Form von Erinnerungen, von Schmerz gespeichert hat und das zu dem Zentrum wird, aus dem heraus Sie stets handeln. Sehen Sie das bitte so, wie es wirklich ist.

Jede Religion, jede Gesellschaft und Kultur hat erkannt, daß »das Selbst« nach Ausdruck verlangt. In der Kunst ist Selbstausdruck außerordentlich wichtig; aber auch der Anspruch auf Macht ist für das Selbst von großer Bedeutung. Alle Religionen haben versucht, das Selbst zu zerstören: »Das Selbst ist nicht wichtig.«, »Setze Gott oder den Staat an seine Stelle.«. Doch sie waren nicht erfolgreich. Das Selbst hat sich mit Gott – wer immer das sein mag – identifiziert und so besteht es weiter. Wir sagen: »Beobachten Sie dieses Selbst in Aktion, lernen Sie es kennen, betrachten Sie es, werden Sie sich seiner Funktionsweise bewußt. Versuchen Sie nicht, es zu zerstören, sagen Sie nicht: «Ich muß es loswerden.«

oder »Ich muß es transformieren.«, beobachten Sie es einfach absichtslos, ohne jegliche Verzerrung. Dann löst sich das Selbst in diesem Prozeß des Lernens und Beobachtens auf.

Rom *21. Oktober 1970*